"叶永烈看世界"系列

山之南，海之北

——徜徉西南欧

叶永烈 著

上海交通大学出版社
SHANGHAI JIAO TONG UNIVERSITY PRESS

内容提要

这是叶永烈先生游历西南欧洲，接连走访葡萄牙、西班牙、安道尔、摩纳哥和法国南部5国的20多座城市后所作。不论是曾经的殖民帝国西班牙和葡萄牙，袖珍小国安道尔、摩纳哥，还是浪漫法国南部，风情各异的西南欧洲；不论是葡萄牙首都里斯本，西班牙首都马德里以及海港城市巴塞罗那，还是法国南部的马赛、戛纳，作者都以充满细节、花絮的笔触，从历史与文化的双重角度，记述走访这些世界名城的见闻。对于喜欢旅行以及窗外世界的读者来说，这无疑是"叶永烈看世界"丛书中的又一本好书。

图书在版编目（CIP）数据

山之南，海之北：徜徉西南欧 / 叶永烈著 . —上
海：上海交通大学出版社，2017
　　ISBN 978-7-313-16749-1

Ⅰ . ① 山… Ⅱ . ① 叶… Ⅲ . ① 随笔 – 作品集 – 中国 –
当代 Ⅳ　① I267.1

中国版本图书馆 CIP 数据核字 (2017) 第 040659 号

山之南，海之北 —— 徜徉西南欧

著　　者：叶永烈
出版发行：上海交通大学出版社　　　　　　地　　址：上海市番禺路 951 号
邮　　编：200030　　　　　　　　　　　　电　　话：021-64071208
出 版 人：郑益慧
印　　刷：上海景条印刷有限公司　　　　　经　　销：全国新华书店经销
开　　本：710mm×1000mm　1/16　　　　印　　张：16.25
字　　数：276 千字
版　　次：2017 年 4 月第 1 版　　　　　　印　　次：2017 年 4 月第 1 次印刷
书　　号：ISBN978-7-313-16749-1/I
定　　价：49.00 元

总序

在写作之余，我有两大爱好：一是旅游，二是摄影。

小时候，我很羡慕父亲常常拎着个皮箱从温州乘船出差到上海。我也很希望有机会到温州以外的地方旅行。父亲说，那很简单，在你的额头上贴张邮票，把你从邮局寄出去就行了。

可惜，我直到高中毕业，还没有从邮局寄出去，没有离开过小小的温州。直至考上北京大学，这才终于远涉千里，来到首都北京，大开眼界。

大学毕业之后，我在电影制片厂工作，出差成了家常便饭。我几乎走遍中国大陆。

随着国门的开放，我有机会走出去，周游世界。光是美国，我就去了八趟，每一回住一两个月，从夏威夷直至纽约，都留下我的足迹。我也七次来到祖国宝岛台湾，走遍台、澎、金、马，走遍台湾22个县市。

我的旅行，常常是"自由行"。比如我应邀到澳大利亚悉尼、墨尔本讲学，就顺便在澳大利亚自由行，走了很多地方。美国爆发"9•11事件"，我特地从上海赶往纽约进行采访，写作50万字的纪实长篇《受伤的美国》。我也参加各种各样的旅行团，到各国旅行。通常，我总是选择那种旅程较长的旅游团，以求深入了解那个国家。

记得在朝鲜旅行的时候，我问导游："明天——7月27日，你们国家会有什么样的庆祝活动？"那位导游马上很"警觉"地反问我："叶先生，你以前是否来过朝鲜？"此后好几次，当我跟他交谈时，他又这么问我。我确实是第一次去朝鲜。但是我在去每一个国家之前，都事先充分"备课"。去朝鲜之前，我曾经十分详细研究过朝鲜的历史和文化，知道1953年7月27日朝鲜战争停战协定在板门店签订，朝鲜把这一天定为"祖国解放战争胜利日"，年年庆祝。然而，在朝鲜导游看来，一个对朝鲜情况如此熟知的游客，势必是此前来过朝鲜的。

很多人问我，在上海住了将近半个世纪，为什么只写过几篇关于上海的散文，却没有写过一本关于上海风土人情的书。我的回答是："熟悉的地方没有风景。"总在一个地方居住，我的目光被"钝化"了，往往"视而不见"。当我来到一个陌生的国家、陌生的城市，往往会有一种新鲜感。这种新鲜感是非常可贵的，它使我的目光变得异常敏锐。出于职业习惯，我每到一个国家，都会以我的特有的目光进行观察，"捕捉"各种各样的细节。在东京，我注意到在空中盘旋着成群的乌鸦，肆无忌惮地在漂亮的轿车上丢下"粪弹"，东京人居然熟视无睹。我写了《东京的乌鸦》，写出中日两国不同的"乌鸦观"，乌鸦的习性，为什么乌鸦在东京喜欢"住"郊区，乌鸦如何到东京"上班"，日本人如何对乌鸦奉若神明。我的这篇阐述日本"乌鸦文化"的散文发表之后，被众多的报刊转载，原因在于我写出了"人人眼中有，个个笔下无"的情景。

漫步在海角天边，把沉思写在白云之上，写在浮萍之上。至今我仍是不倦的"驴友"。我的双肩包里装着手提电脑和照相机，我的足迹遍及亚、欧、美、澳、非五大洲40多个国家和地区。

我注重从历史、文化的角度去观察每一个国家。在我看来，文化是民族的灵魂，历史是人类的脚印。正因为这样，只有以文化和历史这"双筒望远镜"观察世界，才能撩开瑰丽多彩的表象轻纱，深层次地揭示丰富深邃的内涵。我把我的所见、所闻、所记、所思凝聚笔端，写出一部又一部"行走文学"作品。

我把旅游视为特殊的考察、特殊的采访。我在台湾日月潭旅行时，住在涵碧楼。我在事先做"功课"时知道，涵碧楼原本是蒋介石父子在台湾的行宫。我特地跑到当地旅游局，希望查阅两蒋在涵碧楼的历史资料。他们告诉我，在涵碧楼里，就有一个专门的展览馆。于是，我到涵碧楼总台，打听展览馆在哪里。总台小姐很惊讶地说："那个展览馆已经关闭多年，因为几乎没有什么客人前去参观，难得有叶先生这样喜欢研究历史的人。"她打开尘封已久的展览馆的大门，我在那里"泡"了两小时，有了重大发现：那里的展品记载了蒋介石父子曾在涵碧楼接见曹聚仁的往事。曹聚仁乃是奔走于海峡两岸的"密使"，但是台湾方面从未提及此事。我把这一发现写进发表于上海《文汇报》的文章里，引起海峡两岸的关注……

我爱好摄影，是因为在电影制片厂做了18年编导，整天跟摄影打交道，所以很注重"画面感"。我在旅行时，边游边摄，拍摄了大量的照片。在我的电脑里，如今保存了十几万张照片。除了拍摄各种各样的景点照片之外，我也很注意拍摄"特殊"的照片。比如，我在迪拜看见封闭式的公共汽车站，立即"咔嚓"一声拍了下来，因为这是世界上绝无仅有的公共汽车站，内中安装了冷气机。这一细节，充分反映了迪拜人观念的领先以及迪拜的富有和豪华。在韩国一家餐馆的外墙，我看见人们把一个个泡菜坛嵌进墙里，也拍了下来，因为这充分体现韩国人浓浓的泡菜情结。在马来西亚一家宾馆里，我看见办公室内挂着温家宝总理与汶川地震灾区的孩子在一起的大幅照片，很受感动，表明马来西亚人对中国的关注。只是已经到了下班时间，办公室的门锁上了，我只能透过玻璃窗拍摄。门卫见了，打开办公室的门，让我入内拍摄，终于拍到满意的照片……照片是形象的视觉艺术。一张精彩照片所包含的信息量是很丰富的，是文字所无法替代的。

每一次出国归来，我要进行"总结"。这时候，我的本职——作家，与我的两大爱好——旅行与摄影，"三合一"——我把我的观察写成文字，配上所拍摄的图片，写成一本又一本图文并茂的书。日积月累，我竟然出版了20多本这样的"行走文学"图书。

我的"行走文学"，着重于从历史、从文化的视角深度解读一个个国家，不同于那些停留于景点介绍的浅层次的旅游图书。其实，出国旅游是打开一扇观察世界的窗口，而只有善于学习各国的长处，自己才能进步。他山之石，可以攻玉。旅游是开阔眼界之旅，解放思想之旅，长知识，广见闻，是学习之旅。从这个意义上讲，旅游者不仅仅是观光客。

承上海交通大学出版社的美意，在总编辑刘佩英小姐的鼓励下，我们计划出版一套《叶永烈看世界》丛书，随着我一边"漫游"一边再继续出下去。我期望在继续完成一系列当代重大政治题材纪实文学的同时，能够不断向广大读者奉献轻松活泼的"行走文学"新作。

叶永烈
2010年6月28日初稿
2013年2月6日修改
2014年4月26日再改
于上海"沉思斋"

目录

序章：欧洲的西南角

荷兰皇家航空公司客机

万里关山飞渡

金风送爽。当清逸葱绿的枫叶变得一片火红的时候，我又一次踏上飞往欧洲的飞机。

上海浦东机场宽阔的停机坪上，一架波音747-400客机机身的上半部被漆成天蓝色，而下半部以及尾巴被漆成白色，给人以清爽的视觉感受。机尾上印着航空公司的标志：一顶皇冠之下写着"KLM"三个字母。那是荷兰文Koninklijke Luchtvaart Maatschappij的缩写，即"荷兰皇家航空公司"。

屈指算来，这已经是我第五次飞往欧洲。

我先后走访了东欧、中欧、北欧、西欧、南欧的17个国家：俄罗斯、英国、法国、乌克兰、荷兰、德国、比利时、卢森堡、梵蒂冈、意大利、瑞士、奥地利、列支敦士登、芬兰、瑞典、挪威、丹麦。

这一次走访欧洲哪几个国家呢？

我的目光投向西南欧，那里的葡萄牙、西班牙和安道尔，是我这次旅行的目的地。还有摩纳哥，虽然离安道尔不远，但是摩纳哥习惯上被划为西欧的国家。

加上这4个国家，我在欧洲走访的国家达到了21个。

我还要顺道走访法国南部，那里有法国第二大城、《马赛曲》的诞生地马赛，鼎鼎大名的影都戛纳，奔牛之城尼姆，法国南部交通枢纽尼斯，是我上次去法国时未曾到访的名城。

我的第一站是葡萄牙首都里斯本，然而荷航的客机却在西欧的阿姆斯特丹中转。

我曾经游历阿姆斯特丹这座美丽而热情奔放的城市。阿姆斯特丹是荷兰首都，也是荷兰最大的城市。阿姆斯特丹的史基浦国际机场（Schiphol Airport）是荷兰皇家航空公司总部所在地。

荷兰皇家航空公司的KL896航班，在中午12:15从上海浦东机场起飞。我开始了漫长的飞行，时间为11小时45分钟。

荷兰皇家航空公司的空姐身穿天蓝色衣裙，里面是白衬衫，跟飞机机身的颜色一样，依然是"蓝天白云"。荷兰皇家航空公司的空姐大都是空嫂，服务态度甚为周到。

我是A座，在整个飞行之中，一直沐浴在阳光之中。

每人座前有一个液晶显示屏，一副耳机，可以自由选择电影节目。我选择了美国经典电影《泰坦尼克号》。过去在电影院看过这部电影，这次重看，仍非常感人。好电影永远值得反复观赏，百看不厌。

从液晶显示屏显示的飞行路线可以看出，客机先是经过北京附近，然后进入俄罗斯境内，在西伯利亚上空飞行。接着途经莫斯科、圣彼得堡，经过东欧，进入德国，最后飞进荷兰，降落在阿姆斯特丹史基浦国际机场。

在阿姆斯特丹史基浦国际机场，我打开手机，手机能够"智能"显示当地时间与上海时间。我发现阿姆斯特丹时间比上海时间晚了6小时，赶紧把手表上的时针朝后拨了6小时。客机在阿姆斯特丹时间下午6时平稳降落。虽然已经是黄昏时分，阿姆斯特丹的夕阳仍金灿灿的。

荷兰阿姆斯特丹的晚霞

俯瞰荷兰首都阿姆斯特丹

作者刚刚飞抵里斯本

我多次从上海飞往美国旧金山，也是飞行12小时，但那是自西向东飞行，而从上海飞往阿姆斯特丹则是自东向西飞行。

步入阿姆斯特丹机场，迎面便是一幅巨大的阿姆斯特丹河畔荷兰式房屋的图片，上面写着"welcome，I amsterdam"（欢迎来到阿姆斯特丹）。机场里出售的工艺品，是最富有荷兰特色的彩色木鞋和风车模型。

在阿姆斯特丹机场休息了一下，再度经过安检，我在20:55乘坐荷兰皇家航空公司KL1697航班，飞往葡萄牙首都里斯本。这是从北向南飞行。

夜色如黛。当机翼下出现一片灯光时，里斯本到了。

飞行了2小时55分钟，客机在里斯本波尔泰拉国际机场（葡萄牙文Aeroporto de Lisboa）着陆。

从上海至阿姆斯特丹飞行了8 800公里，从阿姆斯特丹至里斯本飞行了1 847公里。这天，我总共飞行了一万多公里——10 647公里，可谓"日行万里"。飞行时间总共为15小时。如果把候机、转机的时间算进去，则长达20多小时。

经过上万公里的飞行，我感到倦怠。好在里斯本波尔泰拉国际机场离市中心只有7公里。我到达宾馆之后，脑袋刚刚碰上枕头，就呼呼入睡了。

在里斯本市郊

山之南，海之北

我这次旅行，是在欧洲的西南角，即西南欧洲，简称西南欧，或者说是伊比利亚半岛，是夹在山与海之间的一片土地。更准确地说，在山之南，海之北。

这山，便是阿尔卑斯山；这海，便是地中海。

阿尔卑斯山，号称欧洲的"脊梁"。在瑞士，我曾领略阿尔卑斯山的雄伟，积雪的山峰岿然而立。瑞士60%的国土处于阿尔卑斯山山脉之上。正因为这样，瑞士夏日是避暑之所，而隆冬则是滑雪胜地。

弧形的阿尔卑斯山脉，是欧洲最大的山脉，成为中欧与南欧的分界线。阿尔卑斯山像一堵挡风的墙，挡住了南下的北风。从瑞士翻过阿尔卑斯山，到达意大利，一下子就感到暖意融融。

南欧拥山面海。湛蓝的地中海，像一块硕大无朋的碧玉。北是欧洲，东是亚洲，南是非洲，西是大西洋，如同四位好友，围坐在地中海这张八仙桌的四侧。

南欧的三大半岛，即伊比利亚半岛、亚平宁半岛和巴尔干半岛，自西向东，像只脚伸进地中海。

我曾游历亚平宁半岛的意大利和梵蒂冈。这一回，则走进伊比利亚半岛。

伊比利亚半岛地处欧洲的西南角，总共有着三个国家和一个地区，三国即葡萄牙、西班牙、安道尔，一个地区即英属直布罗陀。

在伊比利亚半岛之中，西班牙的面积最大，占了伊比利亚半岛的5/6。其次是葡萄牙，占1/6。

安道尔是夹在西班牙与法国之间的"袖珍国"。

英属直布罗陀最小，跟"袖珍国"安道尔相比，只是安道尔的1/86。英属直布罗陀虽小，却扼守着地中海的咽喉——直布罗陀海峡，是寸土寸金的战略要地。

横亘于西班牙与法国之间的，是比利牛斯山。安道尔在比利牛斯山的高原上。翻过比利牛斯山，便是法国南部。"袖珍国"摩纳哥，也在法国南部。

这次旅行，我发现三样新见闻，都跟手机有关：

其一，像我这样背着沉重的单反相机的人已经不多。大多数游客连照相机都不带，差不多都是用手机拍照；

其二，带自拍杆的人越来越多。这样在景点给自己拍照，就用不着求助于别人了；

其三，一到宾馆，第一件事就是向总台要WIFI密码。这样，可以免费把旅途中的照片通过微信发给亲友，也可以跟亲友用手机进行视频通话。

科学技术的进步，改变了人们的旅行方式，给旅行带来了莫大的方便。

旅行，带着一双发现美的眼睛去观察，去欣赏，去寻觅新鲜感，是人生之乐事。不过，旅行也很艰辛。尤其在葡萄牙、西班牙古城的石子路上暴走，我戴着的电子计步器曾经纪录我一天走了28 000步，而在上海我一天通常走三四千步而已。

艰辛并快乐着，这就是长途旅行。

曾经的海上霸主

在葡萄牙飘扬着的葡萄牙国旗和葡萄牙文字牌

最初的印象

初来乍到的我，对葡萄牙的一切都感到新鲜。

起床之后，感觉里斯本的气温跟上海差不多，早晚略微低一点，但是这里天亮时间比上海晚，通常7:30才亮，傍晚18:00天变黑。位于欧洲西南端的里斯本，冬日几乎无雪，据称仅在2006年1月28日和1月29日因受北极的冷锋影响下了一场小雪，但在此以前整整40年没有降雪的记录。由于地处大西洋之滨，夏日无酷暑，所以就气温而言，里斯本是人类宜居城市。里斯本是亚热带地中海式气候，全年平均气温16.9℃，最高气温在7月份约37℃；最低在1月份约2℃左右。

也正因为里斯本傍海，所以一年365天之中约有100天下雨，尤其是冬日雨多。所幸我在里斯本的日子里，天宇清明，蓝天白云。蓝得那么透明，白得那样纯净。这里的空气，格外的清新。我把在里斯本拍摄的一部分照片用微信发给儿子、儿媳，他们惊叹："葡萄牙的天真蓝！"

人们开玩笑地说，在葡萄牙旅行，要么带好太阳眼镜，要么带好雨伞。在这里，一出太阳就万里无云，阳光强烈；下起雨来倒也爽快，哗啦啦一阵而已，不大有上海黄梅天那种下个没完没了的牛毛细雨。

天凉好个秋。我很快就发现，在这秋日，里斯本街头的人们乱穿衣：有人穿短袖T恤，着短裙、露香肩，有人穿长袖衬衫，也有人穿夹克衫，离谱的是还有人穿羽绒服。不过，经过细细观察，穿短袖T恤、长袖衬衫的大都是本地人，而穿得多、穿得厚的大都是外国游客。

我在里斯本所住的Aldeia dos Capuchos Golf & SPA是一家四星级酒店。那里的酒店很强调星级，不仅把那几颗星醒目地标在招牌之下，标在大堂里，甚至印在餐巾纸上。Aldeia dos Capuchos Golf & SPA倒是名副其实的四星级酒店，不仅装修精美，规模相当大，而且在后花园里有颇大的露天游泳池。

最令我惊讶的是，我订的是普通标准间，打开416房门之后，却发现是一个套间。外间设有厨房、餐桌，还有可供孩子睡觉的折叠式长沙发，内间则是双人大床。厨房设备一应俱全，有冰箱、电炉、微波炉，还有不锈钢锅以及盆碗刀叉。如果带着孩子到里斯本旅行，还可以在这里开伙呢。这使我记起在美国佛罗里达住过的"STAY AMERICA"，也就是"美国长住宾馆"，跟这家酒店相似。

在葡萄牙的宾馆乘坐电梯，发觉跟中国不一样。要去葡萄牙宾馆大堂所在的底层，在电梯上要摁"0"字键。那么摁了"1"字键，到达2层；摁了"2"字键，到达3层……

来到里斯本之后，第一感觉就是成了"文盲"。这里到处写着我看不懂的葡萄牙文。当然，葡萄牙语也听不懂。只有在重要的公共场所，在路标上的葡萄牙文下面写着英文。这里的"涉外部门"工作人员会讲英语，普通百姓会讲英语的不多。比如，问洗手间Restroom，听不懂；问厕所Toilet，也听不懂；问WC，偶尔有人会听懂。

葡萄牙与西班牙同处伊比利亚半岛，紧紧挨在一起，可是葡萄牙人讲葡萄牙语，写葡萄牙文，而西班牙人讲西班牙语，写西班牙文。葡萄牙语跟西班牙语属不同的语种。我问一个当地朋友葡萄牙语、葡萄牙文跟西班牙语、西班牙文到底有多大的区别，他经常往来于葡萄牙与西班牙，很熟悉两者的异同。他说，打个比方，葡萄牙语跟西班牙语的差别就像北京话跟四川话的差别。在他看来，葡萄牙语柔软，更加好听些。葡萄牙语中有5

俯瞰里斯本

个鼻化元音，在西班牙语里是没有的。如果把话讲得慢一点，经过一段时间的适应，葡萄牙人大都能够听懂西班牙语，而西班牙人也能听懂葡萄牙语。由于西班牙比葡萄牙大得多，人口也多好几倍，平常去葡萄牙的西班牙人多，而在西班牙接触葡萄牙人的机会相对要少，所以大多数葡萄牙人都能听懂西班牙语，而西班牙人听懂葡萄牙语的则要少一些。至于葡萄牙文与西班牙文，有差别，但是差别不大，所以彼此都能看懂对方的文字。

到了葡萄牙（包括西班牙），仿佛作息时间也随着当地人改变：下午二时才午餐，而晚上八九点钟才晚餐。

这里在周末，绝大部分商店关门，不像中国，周末是商店营业的黄金时间。

平常，在街头、树下，这里一摊，那里一拨，可以看到葡萄牙人坐在那儿慢条斯理地喝着啤酒、葡萄酒，聊天。这叫"露天吧"。在西班牙，我也同样见到众多的露天吧。

葡萄牙和西班牙许多"上了年纪"的城市，往往被分为旧城和新城。这样，完整地保存了旧城的历史面貌。

组成这些旧城的"元素"，大体上包括雕像、教堂、城堡、石子路。不光是葡萄牙、西班牙如此，几乎整个欧洲都如此。

在广场、通衢、公园，尤其是宏伟的建筑诸如王宫前，必定有"高大上"的铜雕。雕像往往横刀立马，做高瞻远瞩状，纪念的是帝王将相。也有无刀无枪，也不"气壮山河"者，作沉思状，则往往是著名作家、诗人、哲学家以及各种文化名人。

教堂是"上帝的家"，是最考究、最艺术的建筑。大凡哥特式教堂，高高的尖顶刺破苍穹，成为城市天际线最醒目的三角形符号。天主教、基督教、东正教的教堂，都经过精雕细刻，反复打磨。步入教堂，高高的穹顶，无数的浮雕，华丽之中透着庄严。尤其是一座城市的主教堂，总是成为地标式的建筑。即便是社区里的小教堂，也从不马虎，相比一般建筑要精致典雅。

城堡或者建于山巅，或者建于扼守海滨或者河流的战略要冲，依仗又高又厚又坚固的城墙御敌。山顶上的城堡，则往往内为王宫。粗石砌成的城墙如同坚硬的甲胄，紧裹围着无比精美、富丽堂皇的王宫。国王和王妃们在那里过着歌舞升平的日子。

旧城的所有道路都是石子路。更准确地说，是用方形花岗石铺成的路。旧城里的广场，则用那些方石铺成鱼鳞状图案，像粼粼水波般漾开来。对于这种石子路，我格外熟悉，而且有一种亲切感，因为在20世纪80

年代前，上海的大街小巷铺的也是这样的石子路，上海人称之为"弹街路"。街路，就是街道，点睛之笔是那个"弹"字。车子从上面驶过的时候，车轮不由得蹦蹦跳跳，于是得了"弹"街路之名。有一回，家门口的弹街路翻修，正值星期日，我端了张小竹椅坐在街边细细观察弹街路的铺建过程：在清理路基之后，先是用小车倒上黄沙，铺平，然后工人把那些上大下小的方锥形石块，整齐地"插"在黄沙上。路面上方拉着一根细细的尼龙线作为水平线，工人用小铁锤敲打着石块，使石块紧紧进入沙层。有时候觉得这石块太大或者太高，就挑选着换上另一块，直到路面平展为止。一边铺，一边往后倒退，没有多久，新的弹街路铺好了。刚铺好的弹街路踩上去有点松软，日久天长，人走车行，越压越紧。1922年11月，爱因斯坦到上海城隍庙游览，走在那高高低低的弹街路上。陪同者向他表示歉意，不料爱因斯坦却说："不要紧，意大利的街道上也铺着这样的石头呢。"其实，不光是意大利的街道如此，葡萄牙、西班牙的旧城街道也都如此。如今在上海，这样的石子路早已经被淘汰，代之以平整的柏油路。我在葡萄牙、西班牙的旧城见到久违的石子路，连忙拍了许多照片，作为"怀旧"之用。

即便在新城，除了通衢是大道之外，其余的道路并不宽敞，尤其是路边停了一长排轿车之后，往往只剩一个车道。

我注意到，葡萄牙、西班牙街头行驶的绝大多数是小排量轿车。在这里，豪车很罕见。

里斯本道路两旁，松柏、棕榈、菩提、柠檬、橄榄和无花果作为行道树，或嫩绿，或浅绿，或墨绿，或黄绿，不同层次的绿，跟一幢幢白墙红瓦的房屋相辉映，构成一幅幅令人陶醉的风景画。

长方形国家

葡萄牙是一个长方形的国家，偏隅于伊比利亚半岛的西侧，像一艘古老巨大的多桅三角帆船，停泊在大西洋东岸，仿佛随时准备升帆远航。

葡萄牙的北面、东面是西班牙，而南部濒临湛蓝平静的地中海，西边是波涛汹涌的大西洋。所以，葡萄牙只与西班牙相邻——从地图上看，仿佛"镶嵌"在西班牙的西南角。

其实，葡萄牙原本是西班牙的一部分。说来有趣，葡萄牙最初是作为"嫁妆"而成为一个国家的：那是在公元11世纪，当时的西班牙是阿拉伯人的殖民地，处于阿拉伯卡斯提王国统治之下。阿方索六世是卡斯提王国的国王，他把葡萄牙设立为卡斯提王国的葡萄牙州。1095年，阿方索六世任命恩里为葡萄牙波尔多凯尔伯爵，管理葡萄牙州。阿方索六世还把私生女特里萨嫁给他。自此葡萄牙作为特里萨的陪嫁，第一次从西班牙分裂出来，成为卡斯提王国的一个属国。1143年葡萄牙宣告独立。1297年葡萄牙与西班牙签订《奥卡尼塞许条约》，确定两国国界。

如今，葡萄牙的政治制度跟西班牙明显不同，葡萄牙是共和国，而西班牙是君主立宪国。所以葡萄牙的全称是葡萄牙共和国（葡萄牙文：República Portuguesa；英文：The Portuguese Republic），而西班牙的全称是西班牙王国（西班牙文：Reino de España；英文：The Kingdom of Spain）。

葡萄牙的国土面积不足10万平方公里——92 391平方公里。

葡萄牙与它唯一的邻国西班牙有着漫长的恩怨史。西班牙的国土比葡萄牙大，人口比葡萄牙多，在葡萄牙独立之后曾经吞并葡萄牙。如今，这"两牙"友好相处于伊比利亚半岛，当我从葡萄牙到西班牙的时候，高速公路上只见到一块标明为西班牙的路牌而已，汽车呼啸而过，仿佛从一座城市前往另一座城市，没有国与国之感。

在中国，北京、上海是超过2 000万人口的特大城市，超过1 000万人口的城市也比比皆是。然而葡萄牙全国人口也只有1 000万，首都里斯本是葡萄牙最大的城市，只有56万人。葡萄牙其他的城市，通常也就是十来万人口，甚至只有几万人口。来到葡萄牙，我觉得这里的城市生活格外闲适，没有像特大城市北京、上海那样的拥堵感、压迫感、紧张感和生活快节奏。正因为这样，葡萄牙人约会的"准点率"甚低，迟到半个小时乃是家常便饭，有的甚至晚到一小时——唯有乘坐飞机、火车是准点赶到。

在葡萄牙，葡萄牙人占96.9%。葡萄牙人是地中海类型的欧罗巴人种。葡萄牙人皮肤白皙，头发浅灰中带褐，高鼻梁，蓝色或者浅褐色眼珠。看上去葡萄牙人与普通的欧洲白人并无差别，因为葡萄牙本身就是欧洲白人中的一个种族。

由于南临地中海，西依大西洋，所以葡萄牙拥有曲折逶迤的长达832公里的海岸线。海鲜，是葡萄牙餐馆的美味佳肴。不论是带鱼、鱿鱼、乌贼还是海蟹、海虾，都很新鲜，是名副其实的海"鲜"。鳕鱼是葡萄牙人的

俯瞰里斯本

最爱，据说葡萄牙人烹调鳕鱼的方法多种多样，如果你在那里住上一年，每天都可以尝到一种用不同方法烹调的鳕鱼。

海岸的沙滩一个挨着一个，是游泳和晒太阳的好场所。北欧以及俄罗斯的人们在漫长的冬日过着昼短夜长的难熬日子，喜欢到葡萄牙、西班牙来度假，不光因为这里阳光充足，海滩优美，还因为旅馆的房价相对于法国便宜，尤其是那些"农家乐"的一般海滨人家。正因为这样，旅游业成了葡萄牙的支柱产业。在葡萄牙见到各色人等，内中很多是外国游客，尤其是很多黄皮肤、黑头发的游客，显然来自中国。

葡萄牙北高南低，多为山地和丘陵。里斯本的老城，就坐落在七座山坡之上。然而这里无山不绿，无水不清。潮润温暖的气候，使万物欣欣向荣。

90%以上的葡萄牙人笃信天主教。西班

里斯本的街边露天吧

作者在葡萄牙拍摄大西洋

牙的天主教徒也占总人口的90%以上。正因为这样，在葡萄牙、西班牙旅行，见到最华丽的建筑总是天主教堂。教堂里不时传出悠悠钟声。袅袅余音，在空中久久回荡。

欧盟·欧元·申根

如今到欧洲国家，先要问清楚3个问题：是不是"申根"？是不是欧盟成员国？用不用欧元？

这三个问题，在各个欧洲国家的答案并不相同。比如，英国是欧盟成员国，却不使用欧元，而且不"申根"。（2016年6月23日，英国举行脱欧公投，51.9%的民众同意脱欧。）瑞典、丹麦是欧盟成员国，也"申根"，却不使用欧元。法国、德国则既是欧盟成员国、使用欧元，也"申根"。

在出发之前，第一个必须弄清楚的问题就是"申根"。

所谓"申根"，就是欧洲小国卢森堡东南端的一个小镇（或者说小村）申根（Schengen）。这个人口不足450人的小镇，原本在地图上很难找到，却因为1985年德国、法国、比利时、荷兰、卢森堡五国在这里共同签署了《关于逐步取消边界检查的条约》而名声大振——这个条约被人们称

里斯本繁忙的交通

为"申根条约"。"申根条约"规定，"其成员国对短期逗留者颁发统一格式的签证，即申根签证。申请人一旦获得某个国家的签证，即可在签证有效期内在所有申根国家自由旅行。"

无疑，"申根条约"给欧洲的跨国旅行带来莫大的方便。

后来，参加"申根条约"的欧洲国家越来越多，以致在2013年底扩大到26个：奥地利、比利时、丹麦、芬兰、法国、德国、冰岛、意大利、希腊、卢森堡、荷兰、挪威、葡萄牙、西班牙、瑞典、匈牙利、捷克、斯洛伐克、斯洛文尼亚、波兰、爱沙尼亚、拉脱维亚、立陶宛、瑞士、列支敦士登和马耳他。也就是说，获得其中任何一个国家的签证，就可以"通行"其余25个"申根国"。

我这次去西南欧5国——葡萄牙、西班牙、安道尔、摩纳哥、法国，如果加上途经的荷兰，则是6个国家。其中葡萄牙、西班牙、法国、荷兰是"申根国"，安道尔和摩纳哥不是"申根条约"成员国。好在安道尔和摩纳哥都是小国。安道尔夹在西班牙和法国之间，本来就没有边境检查，所以不论是从西班牙还是从法国都能进入安道尔。摩纳哥则是"嵌"在法国东南海岸的小国，与法国之间也没有边境检查，所以进入法国也就能够进入摩纳哥。

这就是说，只要获得"申根签证"，就能进入葡萄牙、西班牙、安道尔、摩纳哥、法国以及荷兰6国。

按照规定，要到第一个进入的"申根国"办理"申根签证"。我那次去北欧四国，就是到第一个进入的"申根国"芬兰领事馆办理"申根签证"。

这一回，我第一个进入的"申根国"是荷兰，但是在荷兰只不过转机而已。按照规定，应当到此行逗留时间最多的"申根国"办理"申根签证"。我这次旅行，在西班牙的时间最长，于是到西班牙驻上海领事馆办理"申根签证"。

行前，要兑换若干外币。好在葡萄牙、西班牙、安道尔、摩纳哥、法国、荷兰这6国都是欧元区国家，都使用欧元，所以兑换一些欧元就行了。

葡萄牙原先法定货币叫埃斯库多。

至于欧盟，即欧洲联盟，是欧洲的经济、政治共同体。葡萄牙、西班牙、法国、荷兰是欧盟成员国。安道尔、摩纳哥则没有参加欧盟。

在出发之前弄清楚了旅行将至的欧洲国家是否"申根"、欧盟、欧元区成员国，至关重要。

值得提一笔的是，虽然我是在西班牙驻上海领事馆办理"申根签证"，但是我的入境手续不是在西班牙办的，而是在荷兰办的。在我的护照上盖入境章的是荷兰机场入境处。在我的护照上盖出境章的，也是荷兰机场出境处。光是查看我的护照，只知道我进出荷兰的时间，并不知道我在这一期间去了哪些欧洲国家，因为那些国家的出入境管理处都没有在我的护照上留下"痕迹"。

葡萄牙的"一代天骄"

　　左绿右红、中间嵌着黄色的国徽，那是葡萄牙的国旗。我第一次见到葡萄牙的国旗是在澳门。

　　那是在1999年年初、澳门回归祖国之前，我在澳门南湾湖畔，来到一座与众不同的玫瑰红色的大楼。大楼只有两层，所有的廊柱都是白色的，所有的窗户也镶着白色，四周围着铁栅栏，屋顶飘扬着一面葡萄牙国旗。那里便是"澳督府"——葡萄牙总督府。

里斯本特茹河南岸已成为葡萄牙的重要工业中心

在葡萄牙大西洋之畔

我去过澳门多次。1999年年初那次我在澳督府前拍照留念时，特地把那面半红半绿的葡萄牙国旗摄进画面。因为再过三百来天，这面象征着葡萄牙对澳门的统治的旗帜将被永远降下，五星红旗将飘扬在澳门上空。

总督是葡萄牙政府派往澳门的最高代表。自从1623年7月7日葡萄牙政府派出第一任澳门总督以来，总共派出127任澳门总督。

这座玫瑰色的总督府，完全是按照葡萄牙建筑风格建造的。在澳门回归祖国之后，这座玫瑰色的房子作为殖民统治的历史见证而保存。

葡萄牙不论就人口而言，还是就面积而论，都只能算是一个小国。葡萄牙今日人口只有1000万，当年人口不过150万而已！离中国万里之遥的一个小国，怎么会把自己的国旗插到中国的澳门，成为澳门的统治者呢？

澳门的大三巴名闻遐迩，其实是
葡萄牙式建筑

里斯本特茹河畔：左为亨利王子纪念碑，中为"4·25"大桥

里斯本亨利王子纪念碑

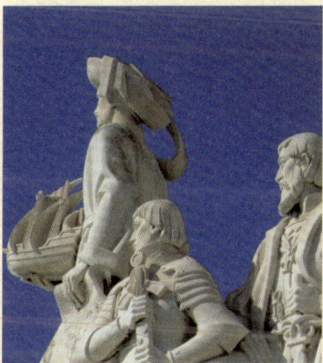

亨利王子雕像

葡萄牙国旗上的国徽，为探索这一问题作了注脚。葡萄牙国徽的中心图案，是金色的古老浑天仪。葡萄牙为什么如此崇敬浑天仪，甚至作为国徽图案？因为浑天仪是重要的航海仪器。葡萄牙非常重视航海。

葡萄牙的地理位置，决定了它的国策，也决定了它的发展路线。葡萄牙的东面和北面是唯一的邻国西班牙。凭借葡萄牙的力量，很难征服西班牙并向欧洲大陆发展，这堵"墙壁"太厚了，难以"穿越"。葡萄牙的西面是广阔无垠的大西洋。通过海洋打通征服世界的道路，成为葡萄牙实现"强国梦"的唯一途径。

为葡萄牙定下向海洋发展战略的是亨利王子。我在特茹河畔"拜见"了亨利王子。

宽阔的特茹河穿越里斯本。特茹河发源于西班牙东部阿尔瓦拉辛山的特拉加塞特附近，流经西班牙和葡萄牙。在西班牙，这条河叫塔霍（Tajo）河；在葡萄牙，这条河

19

叫特茹（Tejo）河，全河统称塔古斯（Tagus）河。

我在里斯本宏伟的横跨特茹河的"4•25"大桥桥头，见到矗立着的高大的白色纪念碑。这座气势磅礴的纪念碑的形状，如同航行于碧波万顷之中的巨型帆船，亨利王子的雕像就高高屹立在纪念碑上。

那是在1960年，为纪念亨利王子逝世500周年而兴建的纪念碑，成为里斯本的地标式建筑。

亨利王子的全名是唐•阿方索•亨利，生于1394年3月4日，是葡萄牙国王若奥一世的第三个儿子。1460年11月13日，亨利王子因病在他的航海基地萨格雷斯去世，终年66岁。

葡萄牙历史上曾经有过诸多国王、王子，为什么独为亨利建造如此宏伟的纪念碑?那是因为在葡萄牙的历史上，亨利是一位功勋盖世的人物。1417年，亨利从战俘和商人口中了解到，通过一条古老的商路可以穿过撒哈拉大沙漠，到达一个"绿色国家"，从那里获得大量的黄金和象牙。亨利被这个"绿色国家"深深吸引。在亨利看来，穿越无边无际的撒哈拉大沙漠，风险太大。他想，如果改走海路，也许同样能够到达那个"绿色国家"。

亨利把大胆设想向父亲若奥一世国王报告。听说从"绿色国家"可以攫取黄金和象牙，若奥一世国王支持亨利把目光投向远洋。于是，亨利制订了宏大的远洋计划:

远航需要各种人才，亨利在里斯本创办了航海学院，并从意大利网罗大批航海人才，教授航海、天文、地理等知识;

远航需要能经受风浪的大船，亨利规定建造100吨以上船只，可以从皇家森林免费得到木材;

亨利还设立观象台，收集世界各国关于地理、气象、信风、海流、造船、航海等种种文献资料。得知亨利王子致力于航海，当时欧洲最著名的制图家犹太人贾富达•克雷斯奎斯从马卡略岛来到葡萄牙，他和儿子在葡萄牙绘制出当时欧洲最完备也是最准确的世界海图——加塔兰地图，成为了葡萄牙航海者的指路明灯。在亨利王子倡导下，葡萄牙人学会使用中国罗盘、星盘和航海图，而且积极研究如何改进海船。

……

经过多年的准备，亨利建立了一支拥有多艘多桅三角木帆船的远洋舰队。

1419年，亨利派出了他的远洋船队去寻找"绿色国家"。第一次远航，就获得了成功，船队在非洲西海岸发现了被誉为"大西洋明珠"的马德拉群岛。葡萄牙宣布，马德拉群岛归葡萄牙所有。翌年，葡萄牙就派出

里斯本山上的小街

军队占领马德拉群岛并向那里移民。这样，最初以获取黄金和象牙为目的的葡萄牙远洋战略改为开拓海外殖民地。

那个"绿色国家"，其实就是今日的非洲几内亚、冈比亚、塞内加尔、马里南部和尼日尔南部。此后，葡萄牙船队不断向非洲进发：

1473年，葡萄牙船队驶过赤道，达到非洲刚果河口；

1488年，葡萄牙船队在迪亚士率领下到达非洲南端，发现了好望角，并进入印度洋；

1497年，以瓦斯科•达•伽马为首的葡萄牙船队沿迪亚士航线继续向前，经非洲东岸的莫桑比克、肯尼亚到达印度，开辟了第一条由欧洲通往印度的航线。

就这样，葡萄牙成为称雄一时的海上霸主，建立葡萄牙殖民帝国。而这个庞大的殖民帝国的最初的创建者，便是亨利王子。正因为这样，亨利王子在葡萄牙成为民族英雄，成为"一代天骄"。特茹河畔的亨利王子纪念碑，就是亨利王子历史地位的象征。

亨利王子不光在葡萄牙历史上享有崇高地位，在世界航海史上，他被誉为"大航海时代的第一位英雄"。正因为这样，亨利王子纪念碑，又被称为"航海纪念碑"、"世界地理大发现纪念碑"。

在船形纪念碑上，高高站立在船艏的，便是亨利王子的雕像。在亨利王子雕像的两旁是80位人物的雕像，这些人物是葡萄牙为航海作出贡献的将军、传教士和科学家。比如，紧随亨利王子、居第二位的，是瓦斯科•达•伽马。

达•伽马是葡萄牙著名航海家，1497年7月8日受葡萄牙国王派遣，率船队从里斯本出发，寻找通向印度的海上航路。他的舰队绕过非洲南端好望角，经莫桑比克等地，于1498年5月20日到达印度西南部卡利卡特，从此开辟了葡萄牙到印度的航线，并宣布印度为葡萄牙领地。达•伽马于1499年9月9日从印度率船队回到里斯本。

达•伽马于1502年第二次率庞大船队来到印度。他带回的大批珍贵的香料、丝绸、宝石，其价值超过第二次航行总费用的60倍以上。他自诩是"西洋之王、非洲之王、几内亚之主，埃塞俄比亚、阿拉比亚、波斯和印度的征服者、航海和贸易之主"。

达•伽马被葡萄牙国王任命为印度总督、印度副王。1524年，达•伽马第三次来到印度，因热症在这年年底死于印度。

达•伽马在葡萄牙是很受尊敬的。

在达•伽马雕像之后，是发现非洲好望角的葡萄牙航海家迪亚士的雕像。

值得提及的是排在第四位的是著名航海家哥伦布雕像。哥伦布因发现美洲而名垂史册，其声望甚至超过了亨利王子。然而哥伦布是意大利人，且服务于西班牙，似乎与葡萄牙不相干。他为什么也在亨利王子纪念碑上占一席之地？其原因是哥伦布早年就曾在亨利王子创办的萨格里斯航海制图学校中学习、深造，所以哥伦布算是亨利王子的弟子。

麦哲伦也是一个大名鼎鼎的航海家，他第一个率船队作环球航行。麦哲伦排在哥伦布之后。他是葡萄牙人，照理应当排在达·伽马、迪亚士之前。由于他跟哥伦布一样，服务于西班牙，所以虽然也"站"在纪念碑上，但是只能名列在哥伦布之后。

此外，在纪念碑上，还"站"着发现巴西的葡萄牙航海家卡布拉尔。

众多的航海名家率领一支支船队远征世界各地，到处插上葡萄牙国旗，成果辉煌。葡萄牙殖民帝国的版图不断扩大。在16世纪，葡萄牙殖民帝国达到了顶峰。

1553年（明嘉靖三十二年），葡萄牙船队第一次来到澳门。葡萄牙人最初从澳门妈阁庙一带登陆，问当地居民这是什么地方，当地人以"妈阁"相答。在粤语中，"妈阁"与"马交"音近，葡萄牙人便把澳门称之为"Macau"。

1557年，葡萄牙向中国租借澳门。

1887年12月1日，葡萄牙与清朝政府签订《中葡会议草约》和《中葡和好通商条约》，正式通过外交文书的手续租借澳门，这也成为欧洲国家在东亚的第一块领地（以1553年算起）。

1999年12月20日中国政府恢复对澳门行使主权，中华人民共和国澳门特别行政区成立，结束了葡萄牙对澳门的统治。

葡萄牙地处浩瀚的大西洋畔

1488年2月葡萄牙航海家迪亚士率队在此处（白色纪念碑）登陆好望角

发现好望角与巴西

在前往葡萄牙之前，我去了南非。

从开普敦往东，我来到一个漂亮的弯月形的海湾，叫做摩梭湾。那里的一座青铜雕像引起我的注意：雕像上的人物手持利剑，穿着长靴，明显是男性，却留着过耳长发。背后的十字，仿佛昭示上帝在保佑着他。雕像基座上的青铜铭牌上，镌刻着他的大名：Bartholmeu Dias。他的中译名为巴尔托洛梅乌·缪·迪亚士。迪亚士又译为狄亚士。

迪亚士的出生日期大约是1450年，而去世的日期却异常精确——1500年5月24日。

迪亚士，葡萄牙著名的探险家，欧洲白人落在南非土地上的第一个脚印，就是他的脚印。

在摩梭湾矗立迪亚士的铜像是因为他第一次登陆南非就在摩梭湾。他落在南非第一个的脚印，就在摩梭湾。从此，欧洲白人叩开了南非的门扉。

南非摩梭湾矗立1488年2月发现
好望角的葡萄牙人迪亚士雕像

迪亚士在好望角竖起十字架（资料）

葡萄牙探险家迪亚士（资料）

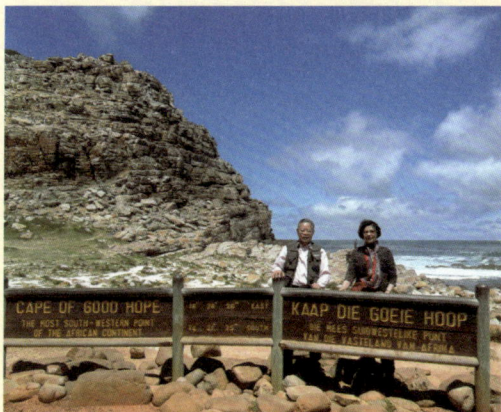

作者夫妇在好望角

　　1487年7月，迪亚士率船队从葡萄牙首都里斯本出发，横渡大西洋。一路上顺风顺水。船队沿着非洲大陆西海岸一路向南。迪亚士率队先是到达非洲大陆西海岸加纳的埃尔米纳，然后经过刚果河口和克罗斯角，在1488年1月间抵达现属纳米比亚的卢得瑞次。迪亚士的船队继续南下。就在迪亚士庆幸行船顺利之际，风云突变，风暴骤起，巨浪以排山倒海之势朝两艘大帆船袭来。

　　迪亚士急急下令："落帆！向西行驶！"这场大风暴，差一点使迪亚士的船队遭受灭顶之灾。

　　经过整整十天的殊死搏斗，风暴终于过去。这时迪亚士下令："升帆！向东行驶！"他要船队向东航行，为的是能够重回非洲大陆西海岸。

　　可是几天过去，依然是茫茫大海，不见陆地的踪影。迪亚士百思不得其解。就在这时，一个灵感闪过迪亚士的脑海：莫非是在风暴袭来的时候，把帆船推过了非洲大陆最南端，使船队进入非洲大陆东海岸，进入印度洋。正因为这样，继续向东航行，离非

25

洲大陆越来越远，所以看不到陆地。

迪亚士下令："向北航行！"经过几天的航行，前方果真出现陆地的黑影！整个船队沸腾了。船队向陆地前进，来到一个漂亮的海湾。

船队抵达的地方，就是摩梭湾。抵达的时间，是1488年2月。就这样，迪亚士踏上南非、踏上摩梭湾，留下第一个欧洲人的脚印。在摩梭湾，迪亚士见到当地土著黑人在那里放牧牛羊，便把那里命名为牧人湾，亦即摩梭湾。

迪亚士在兴奋之余，决心继续向东航行，以求横渡印度洋，前往印度。但是大多数船员们表示反对，因为他们经过十多天惊心动魄的风暴袭击已经精疲力竭，巴不得早日回到葡萄牙。迪亚士无奈，只得下令返航。迪亚士又一次经过风狂浪急的岬角，他把这个岬角命名为"风暴角"（Cape of Storms）。

1488年12月，迪亚士所率的船队在经过一年零五个月的航行之后，回到葡萄牙首都里斯本。迪亚士向葡萄牙国王报告了航海过程和发现"风暴角"的际遇。国王约翰二世异常欣喜，表彰了迪亚士的巨大贡献。不过约翰二世以为"风暴角"这名字不大吉利，下令改为"好望角"（Cape of Good Hope），意即充满美好希望的岬角。

作为好望角的发现者，迪亚士后来被誉为"好望角之父"。

1500年5月24日，迪亚士再度率船队在经过好望角的时候，遭遇大西洋飓风，4艘帆船覆没，其中包括迪亚士乘坐的船。"好望角之父"迪亚士，在好望角画上生命的句号，终年50岁。

另一位著名的葡萄牙航海家是佩德罗·阿尔瓦雷斯·卡布拉尔。达·伽马为葡萄牙发现并征服了印度，而卡布拉尔则为葡萄牙发现并征服了巴西。

1500年3月9日，葡萄牙国王派遣卡布拉尔率领船队从里斯本出发，前往印度——此前，1498年5月20日达·伽马已经率船队发现了印度。卡布拉尔的船队格外庞大，总共有13艘船、1200人，目的是在印度建立葡萄牙的殖民政权。

可是，卡布拉尔船队在经过佛得角群岛后，为躲避非洲赤道无风区，改为向西南方向前进。4月22日，前方发现陆地。23日卡布拉尔登陆之后，方知那里并不是印度。于是卡布拉尔插上十字架，宣告葡萄牙王国占领了这一大片土地，取名为"圣十字架之地"。

就这样，卡布拉尔误打误撞，为葡萄牙增添了一个巨大的殖民地——南美洲的巴西。

不过，葡萄牙毕竟是小国，印度毕竟是大国，葡萄牙无法把整个印度收入囊中。葡萄牙只占领了印度南部西海岸的果阿邦,并把果阿城定为葡属印度的首府。印度大部后来成为英国的殖民地。1961年12月18日,印度政府出动3万余军队,对果阿地区的葡萄牙军队发起了猛烈攻击,俘获葡军3000余人,于翌日结束战斗。从此结束了葡萄牙对果阿地区的400多年的殖民统治,葡属印度被扫进历史的垃圾堆。

不过,自从卡布拉尔发现并宣布巴西为葡萄牙所有之后,葡萄牙的殖民势力倒是逐渐渗进巴西,以致"吞下"整个巴西。

当时的巴西,居住着印第安人。最初,葡萄牙殖民者被巴西的红木所吸引,大量砍伐红木,借以发财。于是,"红木"(Brasil)一词逐渐代替了"圣十字架之地",成为巴西国名,一直沿用至今,其中文音译为"巴西"。

1530年,葡萄牙向巴西派出了远征军。葡萄牙人在巴西建立农庄,印第安人成了葡萄牙人的奴隶。

1549年,葡萄牙向巴西派出了首任总督。

1693年,巴西发现大金矿,许许多多葡萄牙人涌往那里。这样,葡萄牙牢牢控制了巴西,使之成为葡萄牙稳固的殖民地。大量的黄金从巴西运往葡萄牙,葡萄牙变得非常富有。

从此葡萄牙给巴西打上了深深的烙印:葡萄牙语成为巴西的官方语

伸进大洋之中的好望角

言。巴西的城市、房屋，都依据葡萄牙风格建设。葡萄牙把巴西视为葡萄牙帝国的一个部分。

葡萄牙对于巴西的倚重，在1807年达到了这样惊人的地步：这一年法国拿破仑入侵并占领葡萄牙。在这危急关头，葡萄牙女王玛丽亚一世做出决定，把整个王室迁往巴西！于是，15艘大船承载着葡萄牙王室全体成员、大批贵族以及金银财宝，在英国人的护送下，于1807年11月29日由里斯本港起锚，越过大西洋，逃往巴西。1808年1月22日，葡萄牙王室到达巴西里约热内卢。葡萄牙女王玛丽亚一世宣布，改国名为"葡萄牙－巴西－阿尔加维联合王国"，里约热内卢为首都。

1812年，葡萄牙借英国之力复国，但是葡萄牙王室直至1821年7月才从巴西迁回里斯本。

1822年9月7日，巴西宣布脱离葡萄牙而独立，成立了巴西帝国，年仅24岁的彼得罗一世成为巴西国王。1825年11月15日，葡萄牙正式承认了巴西的独立地位。葡萄牙对巴西三百多年的殖民历史就此结束，但是葡萄牙对巴西的历史与文化的深刻影响一直延续到今日。

海上霸主的兴衰

里斯本特茹河畔巍峨的亨利王子纪念碑，浓缩着一部葡萄牙殖民帝国的发展史：

在15世纪，葡萄牙亨利王子制订了宏伟的海洋战略；

1419年，亨利派出的远洋船队在非洲西海岸发现并占领了马德拉群岛；

1488年1月，葡萄牙航海家迪亚士发现好望角；

1498年5月20日，葡萄牙航海家达·伽马发现印度，葡萄牙开始殖民印度；

1500年4月22日，葡萄牙航海家卡布拉尔发现巴西，葡萄牙开始殖民巴西；

1509年，葡萄牙人在印度洋打败阿拉伯人，终结了阿拉伯人对印度洋、红海、地中海的控制权；

1511年，葡萄牙人占领马六甲，随后又占领了科伦坡、爪哇、印尼；

1522年9月，经过3年零12天的生死搏斗，葡萄牙航海家麦哲伦的船队完成了人类首次从西向东的环球航行；

里斯本的游艇码头

1553年，葡萄牙船队第一次登陆中国澳门；

……

奥地利著名作家斯蒂芬·茨威格曾说："第一批从里斯本特茹河口启航驶往神秘远方的葡萄牙舰船，仅仅是想发现新的土地，而第二批舰船还想同新发现的国家进行和平贸易，到了第三批就已经是全副武装。"

葡萄牙成为名副其实的世界"海上霸主"，历史上第一个全球性殖民帝国。

葡萄牙殖民帝国的版图如此庞大，成为世界上第一个"日不落帝国"：

非洲——安哥拉、阿尔金、阿克拉、卡奔达、佛得角、休达、艾美拉、毕尔科岛、黄金海岸、几内亚比绍、马达加斯加、梅斯卡尼群岛、马林迪、蒙巴萨、摩洛哥、莫桑比克、基尔瓦基斯瓦尼、圣约翰堡、圣多美普林西比、丹吉尔、桑给巴尔、济金绍尔；

美洲及北大西洋——亚速尔群岛、巴西、乌拉圭、法属圭亚那、马德拉、萨克拉门托；

亚洲——班达群岛、巴林、缅甸、锡兰、弗洛瑞斯岛、阿巴斯港、拉克沙群岛、澳门特别行政区、霍尔木兹、果亚、望加锡、马六甲、马尔代夫、摩鹿加群岛、马斯喀特、长崎市、葡属印度、索科特拉岛、东帝汶。

这是多么令人惊讶的巨大版图。需知，葡萄牙本身是一个小国，在当时是一个只有不到200万人口的小国，却如此张扬，如此膨胀，在世界上耀武扬威，纵横驰骋，把葡萄牙的旗帜插向地球的一个个角落。

人们常用"鲸吞"来形容贪婪。葡萄牙是条小鱼，居然吞下原本只有鲸鱼才能吞下的那么多殖民地，创造了"奇迹"。

葡萄牙在当时能够称霸世界，原因在于：

亨利王子把"远洋发展"定为国策；葡萄牙船队拥有精良的航海技术以及枪炮武器；涌现了一大批优秀的航海家和吃苦耐劳的船员；葡萄牙国民富有冒险精神，有着强烈的民族情感；葡萄牙从上到下洋溢着对财富不择手段加以掠夺的情绪。

正是由于这些"因子"，造就葡萄牙当时不断地膨胀、膨胀再膨胀，造就了无比庞大的葡萄牙殖民帝国。

大量的财富涌向葡萄牙，使葡萄牙成为当时欧洲最富有的国家。葡萄牙人拥有大量的贵金属。奢侈之风在葡萄牙弥漫。人人向往到殖民地做庄园主，雇佣黑人、印第安人作为农奴种地，葡萄牙本国的土地反而少人耕种，葡萄牙的农产品依赖进口，而葡萄牙人有的是钱，不在乎从外国购买贵了几倍的农产品。

葡萄牙语，原本只有葡萄牙本国那不足两百万人使用。随着葡萄牙语成为葡萄牙殖民帝国的官方语言，讲葡萄牙语的人越来越多，葡萄牙语跃为世界流行语种的第6位，仅次于汉语、英语、俄语、西班牙语和印地语。

有兴必有衰。葡萄牙殖民帝国自16世纪到达顶峰之后，逐渐走向衰落，日渐分崩瓦解。

葡萄牙殖民帝国衰落的原因有二：

一是英国、荷兰、西班牙和法国崛起，成为新兴殖民帝国，取葡萄牙而代之。葡萄牙先后遭到英国、荷兰、西班牙和法国军队的攻击。尤其是英国，实力最强，在19世纪成为真正的"日不落之国"；

二是时运不济，祸不单行。1755年11月1日上午9时40分，在距葡萄牙首都里斯本城几十公里的大西洋海底发生大地震，震级为里氏9级。这是欧洲历史上最强烈的一次地震。地震引起海啸近30米高。里斯本毁于一旦，夷为平地，85%的建筑物被毁。当时里斯本的人口为27万，死亡人数达

7-10万。地震加上地震引发的海啸、火灾，几乎摧毁了里斯本，葡萄牙的精华毁于一旦。这次大地震严重削弱了葡萄牙的国力。

葡萄牙殖民帝国终于走上崩溃之路：葡萄牙殖民帝国的殖民地，或者被英国、荷兰、西班牙和法国占领；或者宣告独立，脱离葡萄牙。

葡萄牙的三次危机

在葡萄牙殖民帝国由兴而衰的历程之中，葡萄牙本身也遭遇了三次危机：

第一次危机是1581年4月西班牙国王菲利浦二世宣布兼任葡萄牙国王，西班牙兼并了葡萄牙。直至1640年12月1日葡萄牙40名王公贵族突然发动宫廷政变，宣告葡萄牙独立，结束了西班牙对葡萄牙的60年统治。

为了纪念1640年葡萄牙在经过西班牙60年统治之后重新独立，1886年在里斯本的光复广场中央矗立起高大的方尖碑，叫做"光复纪念碑"。

第二次危机就是前面已经提及的1807年法国拿破仑入侵葡萄牙，占领葡萄牙。葡萄牙王室不得不迁往巴西。直至1812年，葡萄牙才借助英国之力复国。也就是说，这5年葡萄牙本身沦为法国的占领区。

第三次危机是由于衰落的葡萄牙过度依赖英国所造成的。1890年1月11日，英国向葡萄牙发出最后通牒，要求葡萄牙放弃它的非洲殖民地。英国军舰驶入葡萄牙首都里斯本港口。在这兵临城下的时刻，懦弱的葡萄牙国王只得委曲求全，答应了英国的条件。

葡萄牙国王的无能，激起了民众的群情激愤。1891年1月31日，葡萄牙的共和主义者在葡萄牙北部城市波尔图发动革命，坚决要求推翻君主制度。面对英国军舰的炮口，在火与剑的交锋时刻，葡萄牙人高唱起充满爱国主义热情的雄壮歌曲《葡萄牙人》：

> 海上的英雄，高贵的人民
> 英勇与永恒的国度，
> 让今天再次彰显
> 葡萄牙的辉煌吧！
> 在记忆的迷梦中

祖国发出她的吼声了：
你们伟大的先烈
一定会领导你们直至胜利！

武装起来！武装起来！
捍卫疆土！保卫领海！
武装起来！武装起来！
为祖国战斗吧！
冒着炮火前进，前进！

升起不可侵犯的旗帜，
飘扬在活跃光明的半空中！
让欧洲在大地上呼喊
葡萄牙还未消失！
亲吻您们的土地吧！
海洋、爱的咆哮
和你凯旋的军队
已在尘世中建立了新的世界了！

向旭日致敬
于高兴的远景中；
让进攻的回波
成为重生的征兆！
灿烂黎明的光映
就是母亲的挚吻
用来维持我们，支撑我们
抵抗瞬间的侮辱。

在1910年，葡萄牙人民终于推翻了君主制，宣告建立葡萄牙共和国。这首由恩里克·洛佩斯·德·门多萨作词、阿尔弗雷多·基尔作曲的充满激情的战斗歌曲《葡萄牙人》，也就成了葡萄牙共和国国歌，一直传唱至今。

1999年12月20日，葡萄牙的最后一个殖民地——澳门，正式回归中华人民共和国，为殖民统治达五百多年的葡萄牙殖民帝国吹响了终结号。

曾经无限膨胀的葡萄牙，终于回归它作为欧洲小国的本来地位，蜷缩

里斯本老城建在七个山坡上

在大西洋一角。原本依赖殖民、掠夺而富得流油的海上强国，变成欧洲经济不算太景气的二流国家。正因为这样，当大批叙利亚难民涌向欧洲的时候，大都选择德国、英国、瑞典，并没有多少难民愿意前往葡萄牙。葡萄牙人仿佛失去了当年征服世界时的勇气和激情。这里很多街道、房子，百年不变。有人曾说，葡萄牙人出生时院子石头缝里长着的青苔，到他离开人世时还是那个样子。

一位来到葡萄牙生活的中国年轻人，写下对葡萄牙的印象：

里斯本这座城市的魅力随着大西洋的海风飘进了我的内心。这是一个让灵魂自由的城市，没有时间观念，它古旧，不时髦，没有亮眼的新建筑和现代化，破碎的石子路，顺势而建的矮房子让人不必高雅，不必奢华，它本身就是一个没落的却经历过风雨辉煌的老人，在一个这样的老人面前，让人如何去高贵？去严肃？去奢华？

在这里，一切都显得似乎很随意，这似乎是葡萄牙人的性格，随意的时间观念，笔者亲身经历，约好晚上8点见面吃饭，结果对方9点半了才到，葡萄牙的时间观念真的不敢恭维。随意的背后其实是他们悠闲的生活态度，不刻意时间，不追求速度，这是年迈的老人的步调，可以理解这是一个风华已去的海上帝国，它所追求的可能只是平平稳稳的生活，这也难怪最近的调查显示，即使经济危机也挡不住葡萄牙人的幸福指数爆棚。

　　这已经是一座不再发展的城市，他们满足于现在的生活状态，不追求改变，里斯本尤其是这样的。坑坑洼洼的石子路，上世纪黑白电影里出现的电梯沿用至今，几十年上百年的小楼房随处可见，丝毫看不出这是一个海上帝国的首都，甚至觉得落后。其实，我也渐渐地发觉，这正是里斯本的魅力所在，不去追随光鲜的大都市，没有现代化留下的印记，任时光流逝，故事沉淀。

　　气候，这里的天气真的不得不让人爱。我感觉这里只有两种天气，一种是下小到中雨，一种是大太阳，只要不下雨一般都是连云彩都看不到的大蓝天。下雨只在冬天，从十二月左右开始，到三、四月结束。三月的雨已经不是很多了，不过下雨也不会像广州那样潮湿，不会太冷，两件衣服足够过冬了。到了夏天，每天都是大大的太阳，蓝蓝的天空，别说雾霾了，想见到云彩都难。夏季持续时间很长，但不会很热，昼夜有温差，像中国北方一样，不过不会有太高的高温。喜欢去海边晒晒太阳，看看海鸥，听听海浪的声音，生活太完美了。

　　有人经常会问我，对这里什么感觉，我常常会回答，适合养老。一来这样回答最为简单，不用多解释，二来这个回答也最概括，阳光沙滩，慢吞吞的步调，温馨友善，这不就是给老人设计的城市吗？

　　即便如此，不再强大、不再称霸世界的葡萄牙，如今仍在世界上广有影响。往日的葡萄牙殖民地的民众，很多仍讲葡萄牙语。现在全世界使用葡萄牙语的人口达2亿多。内中，葡萄牙现在本国人口只有1000万，而以葡萄牙语为第一语言的人口最多的国家是巴西，巴西的人口达2亿。此外，还有安哥拉、佛得角群岛、几内亚比绍、莫桑比克、圣多美和普林西比、东帝汶，都以葡萄牙语为官方语言。

　　葡萄牙借助于"葡语国家共同体"，维持着与"前殖民地"的联系。南美洲的巴西、非洲葡语五国（莫桑比克、安哥拉、佛得角、几内亚比绍、圣多美和普林西比）以及亚洲的东帝汶，成为"葡语国家共同体"的成员国。当然，在"葡语国家共同体"之中，葡萄牙与那些葡语国家不再是宗主国与殖民地的关系，而是平等的关系，以葡萄牙语为纽带，推动政治、外交、经贸、文化的合作。

葡萄牙之旅

登临圣乔治城堡

葡萄牙人喜欢说："没有看过里斯本的人等于没有见过美景。"这话固然有点夸张。如果改成"没有看过里斯本的人等于没有见过葡萄牙美景"，那就差不多。

葡萄牙人还喜欢说："葡萄牙就是里斯本。里斯本就是葡萄牙。"这是因为里斯本市区虽然只有56万人口，但是以里斯本市区为核心所形成的大里斯本地区，人口达450万，几乎占葡萄牙总人口的一半。里斯本是葡萄牙的政治、经济、工业、文化中心。大里斯本地区是葡萄牙最富庶的地区。

刚刚走下飞机，步入里斯本机场的航站楼，便到处看见葡萄牙文"Lisboa"，那就是里斯本，葡萄牙语的原意是"和平之港"。里斯本的英文名字是"Lisbon"，与葡萄牙文只有一字之差。

里斯本分为旧城与新城。旧城在特茹河北岸，新城在特茹河南岸。特茹河畔除了矗立着巨大吊车的码头之外，拥立着众多的造船厂。里斯本的造船业世界闻名，可以制造30万至70万吨级的各种油轮。这里还拥有欧洲最大的干船坞，可以检修100万吨级的大型油轮。每年修船量占世界总修船量的1/9。

里斯本的旧城，分布在七个山坡上，被称为"七丘之城"。

里斯本的新城，在七座山丘之间的平坦土地上。

"七丘"之巅，也就是七座山的最高峰，那里矗立着圣乔治城堡。

里斯本像一本打开的书。我"阅读"里斯本，从圣乔治城堡开始，因为圣乔治城堡是一位历史老人，见证了里斯本的变迁；还因为圣乔治城堡处于里斯本的最高处，登高望远，可以俯瞰全城。所以在我看来，圣乔治城堡仿佛是里斯本的"序言"，也是里斯本全书的"目录"。

圣乔治城堡那儿叫做上城。这个"上"字有双重含义，一是上城在山坡上，要"上"去才行；二是往日上城是有钱人的住宅区，如同上海的"上只角"。

果真，我从下城地区的庞包尔广场到圣乔治城堡，要"上"去才行。

里斯本的老城区在山坡上

圣乔治城堡天台的石子路

"上"去，有几条途径：

一是乘坐著名的圣胡斯塔升降机。这部升降机因安装在圣胡斯塔街而得名。所谓升降机，其实就是大型电梯。圣胡斯塔升降机始建于1900年，完成于1902年。设计者是居斯塔夫·埃菲尔的学生，而居斯塔夫·埃菲尔则因设计了巴黎埃菲尔铁塔而闻名于世。圣胡斯塔升降机一次可以乘坐20多人，升45米，最初使用蒸汽动力，1907年改为使用电力。这部百年升降机，成为里斯本的"古董"，至今仍在运行之中。

二是乘坐出租车。里斯本有正规的轿车式出租车，但是来来往往于上城、下城之间的更多的是三轮出租车。

三是乘坐有轨电车或者公共汽车。尽管里斯本已经有四条地铁线路，但是仍然保留着古老的有轨电车。那漆成黄色的车厢是木质的，古色古香，"咣当咣当"地

里斯本圣乔治城堡　　登临圣乔治城堡要沿着山坡上的台阶而上

在街头来来回回。有轨电车是里斯本一道流动的风景线，人称"里斯本名片"。

四是步行，可以细细观赏里斯本老城区的风光。

我选择了步行。一级石板台阶连着一级石板台阶，我拾级而上，处于不断的爬坡之中。

那里的老城区，叫阿尔法玛。

石子路、窄巷、老屋、斜坡、石阶，是组成阿尔法玛的"元素"。街道两侧拥立着各种杂货店、咖啡馆、面包店、花店、旅游工艺品店、便利店，还有散发着鱼干、虾干之类腥味的海鲜干货店。

老城凝固着历史的沧桑。斑斑驳驳的墙壁，窄窄长长的小巷，高高低低的石子路，懒懒散散在家门口打盹的狗，在老城随处可见。

居高临下，面对大海，阿尔法玛曾是里斯本贵族的住宅区。那些殖民归来的"成功者"，用灿灿黄金在阿尔法玛建造一幢又一幢豪宅大院，使这里成为名副其实的"上只角"、富人区。无奈1755年那场惊天动地的大地震，使阿尔法玛的豪宅毁于一旦。灾后，富人们纷纷迁往新城区，阿尔法玛的废墟成为穷人聚居之所。正因为这样，阿尔法玛给我的印象是拥挤和杂乱，全然没有"上只角"的气派。

从圣乔治城堡远望"4•25"大桥

里斯本圣乔治城堡

圣乔治王子塑像

行行复行行，一步步拾级而上，终于到达山顶，见到一道厚实的石砌拱门，那便是圣乔治城堡的大门。

走进大门，便是高大、坚牢的米黄色石砌城堡。11座四四方方的塔楼，整齐的垛孔，圣乔治城堡居高临下，既能御敌，又如同一座小型城市，可供居住、生活。在城楼高处，飘扬着葡萄牙国旗。

里斯本曾经有过悠悠岁月。公元前1200年，就有腓尼基人在这里定居。原本只是大西洋畔一个小渔村，里斯本依仗优良的港湾，吸引来来往往的商船，在罗马人和西哥特人的努力下，这里慢慢发展为一座城市。

当时西欧最古老的土著民族凯尔特人征服了里斯本。为了保卫里斯本，凯尔特人在圣乔治王子领导下建造城堡。这座城堡在公元5世纪完成。这座城堡也就以圣乔治王子的名字命名。我在城堡里见到了左手拿盾牌、右手握宝剑的圣乔治王子的青铜雕像，显得非常威武。

到了公元9世纪，穆斯林摩尔人占领了里斯本，成为统治者。摩尔人扩建了圣乔治城堡，占地6 000平方米。这时，城堡上飘扬着摩尔人绿色的旗帜。

在1147年，葡萄牙第一代国王阿方索一世（阿方索·亨利克斯）率领基督教（准确地讲是天主教，下同）十字军进攻里斯本。穆斯林摩尔人军队退往圣乔治城堡，欲凭借坚固的城墙死守。就在圣乔治城堡的城门将关而未关之际，基督教十字军的大将马廷·莫涅兹一马当先，插入圣乔治城堡的大门的门缝，使大门无法关上。虽然马廷·莫涅兹将军当场被大门活活夹死，但是大批基督教十字军战士乘机打开大门，涌入圣乔治城堡，歼灭了穆斯林摩尔人守军。从此，里斯本落入葡萄牙第一代国王阿方索一世手中。

阿方索一世对圣乔治城堡再度进行扩建，把这座山顶的要塞改成了国王的行宫。

1245年，里斯本成为葡萄牙王国的首都和贸易中心。

1511年葡萄牙国王曼努埃尔一世在里斯本特茹河边建造了一座奢华宫殿，圣乔治城堡变成了军队驻地和剧场。

1755年的里斯本大地震使圣乔治城堡受到严重损毁。葡萄牙的几代国王都说要修复圣乔治城堡，但是都只是做了小规模的修复。残破的圣乔治城堡，毕竟是里斯本的制高点，这里依然是军事要塞，而且还成了监狱所在地。

直到1940年，葡萄牙政府对圣乔治城堡进行大修复，这才使这一历史古迹恢复原本的雄伟面目。从此，圣乔治城堡成为游览里斯本的第一名胜。

在圣乔治城堡，我见到一尊又一尊铜炮。这些铜炮制于1842年，炮口朝着大海。我不知道这些铜炮的炮弹能否打到海面，但是显得威风凛凛，增添了圣乔治城堡作为军事要塞的严峻气氛。

在圣乔治城堡里还有花木扶疏的花园、装饰华丽的住宅，可以觑见这里当年作为王宫的风采。

圣乔治城堡吸引无数游客，不光是因为此处浓缩着葡萄牙风云多变的历史，而且还因为这里是里斯本的制高点，是俯瞰里斯本的最佳场所。

我漫步于圣乔治城堡铺着鹅卵石的天台，俯视山脚下的里斯本城区。那天晴空万里，里斯本在我的视野里一清二楚。

哦，里斯本，一大片红瓦白墙，在蓝天白云之下，显得那样明媚，那样出色，再穿插浓淡不同的绿树，在阳光下构成一幅色彩绚丽的画面。

圣乔治城堡的大门

葡萄牙的房屋墙壁刷成白色或者浅黄、浅绿，为的是反射阳光，因为葡萄牙处于亚热带地中海式气候之中，阳光强烈。

红瓦给里斯本增添了亮色。欧洲许多国家，习惯于在屋顶铺设红瓦。

有人以为，红土壤烧出了红瓦，黑土壤烧出了黑瓦。其实，红瓦、黑瓦跟土壤的颜色无关，而只是由烧制方法决定的。烧制青砖、黑瓦时，采用"闷烧"——隔绝空气。这样，土壤中黑色的氧化亚铁依然还是氧化亚铁，而腐殖质则在高温下被焦炭化了，变成黑色的炭粒，所以烧制出来的砖瓦呈黑色。在烧制红砖红瓦时，充分通风，使黑色的氧化亚铁氧化变成红色的氧化铁（三氧化二铁），同时把腐殖质烧掉，这样烧制出来的砖瓦呈现氧化铁的红色，亦即铁锈红。

从圣乔治城堡俯瞰，我还看见静静流淌的蓝色特茹河，看见横跨特茹河的红色"4·25"大桥。

初见"4·25"大桥，我有两点不解：一是这座桥怎么会叫"4·25"大桥？二是这座桥看上去怎么跟美国旧金山的金门大桥那么相似？

这座大桥是架在特茹河上的斜拉桥，包括引桥在内全长达3 222米，其中2 277.64米为水上部分。这座桥在1966年8月6日通车时名叫萨拉查大桥(Ponte Salazar)。

萨拉查即安东尼奥·德奥利维拉·萨拉查（葡萄牙语：Antônio de Oliveira Sala zar，1889年4月28日－1970年7月27日），1951年任葡萄牙总统，后来长期担任葡萄牙总理，统治葡萄牙达36年之久，被认为是葡萄牙的独裁领导者。

1974年4月25日，葡萄牙人民推翻了萨拉查的独裁统治，这座以萨拉查命名的大桥，也就以推翻他的日子命名，改称"4·25"大桥。

至于"4·25"大桥怎么跟旧金山的金门大桥那样相似，原因是"4·25"大桥跟旧金山的金门大桥是由同一家公司设计、承建，特意设计成"姐妹桥"的。

"4·25"大桥上的车流量太大，运输负担太重，葡萄牙政府在1998年3月29日里斯本举行世界博览会前夕，在特茹河上建成另一座大桥。这座大桥用葡萄牙著名航海家达·伽马的名字命名，称为"达·伽马大桥"，以纪念他发现葡萄牙至印度的航线500周年。

从圣乔治城堡远望则可以看到烟波浩渺的大西洋，里斯本距离大西洋不到12公里，里斯本的海滩是游客喜爱之处。

从圣乔治城堡下山的时候，在城堡大门口遇见一辆三轮出租车，驾车的是一位女司机。我和妻上了车，付给她10欧元车费。三轮出租车在下山狭隘的道路上不时蹦蹦跳跳。下山之后，她驾车把我们送到了里斯本最热闹、最繁华的地方——凯旋门。

雪白的凯旋门

欧洲的许多城市都建有凯旋门。最著名的要算是巴黎香榭丽舍大街西端、戴高乐广场中央的凯旋门，高大而壮观。

里斯本的凯旋门跟巴黎凯旋门相比，规模略输一筹，但是这座巴洛克式雪白的凯旋门别具一格。

里斯本的凯旋门常被说成是为纪念战胜1755年的大地震而兴建的。其

里斯本的科梅西奥广场，中心是葡萄牙国王唐约瑟一世纪念碑

实，早在1755年之前就已经有了这座凯旋门。

前已述及，1511 年葡萄牙国王曼努埃尔一世在里斯本特茹河边建造了一座奢华宫殿，就把王宫从山顶上的圣乔治城堡迁往那里。新王宫的墙壁全都刷成淡黄色。王宫的平面布局呈"凹"字形，即王宫从三面包围一个广场，叫做宫殿广场(Terreirodo Paco)。这个广场的正面为王宫主楼，另一侧为特茹河。在王宫主楼正中，最初打算建一座钟楼，让人们从钟楼下走进宫殿广场。为了与富丽堂皇的王宫相匹配，那钟楼的设计方案遭到否定，代之以一座"高大上"的凯旋门。

这座凯旋门经过一个多世纪的精心施工才终于落成。凯旋门由6根11米高的花岗石圆柱支撑，总高30米。在凯旋门上方最高处，巍然站立着胜利女神，手持两个黑色的圆环——月桂冠。在她的两侧，坐着两个男子，分别象征着流经葡萄牙的两条大河——特茹河和杜罗河。凯旋门上用葡萄牙文写着："荣耀为天赋和勇气加冕。"

在凯旋门的背面上方，嵌着一个圆形的大钟，依稀可以看出最初的钟楼的设想。

大约是凯旋门的施工格外细致周全，所以在1755年大地震突然发生时，王宫轰然倒塌，变成一片废墟，唯有凯旋门屹立于宫殿广场之上，成为葡萄牙王宫仅存的建筑物。

1755年大地震之后，在原本葡萄牙王宫的废墟上，重建为里斯本市政

里斯本凯旋门上方的女神雕像

厅大楼。市政厅大楼外墙依然保持葡萄牙土宫原有的淡黄色，配以白色的窗框。市政厅大楼底层为圆拱形长廊，配以一个个圆拱形门洞，设计别具匠心。

随着葡萄牙王宫的倒坍，重建之后的广场也就不再叫做宫殿广场。这个巨大的广场，有了新名字："科梅西奥广场"。

科梅西奥是葡萄牙何等重要人物呢？其实，科梅西奥广场是Praça do Comércio音译，原意是商业广场。那是在1755年大地震之后，由于这里是市中心难得的空旷之地，便成为商贩聚集之地，于是有了商业广场之名。

科梅西奥广场又叫黑马广场。这名字又出典何处？

在1755年大地震发生时，当时的葡萄牙国王是唐约瑟一世（Dom Joes'I）。唐

里斯本科梅西奥广场上的纪念碑
是葡萄牙国王唐约瑟一世

约瑟一世成功地领导葡萄牙人民走出大地震的阴影。为了纪念唐约瑟一世，广场中心高高矗立起唐约瑟一世纪念碑，纪念碑上有着唐约瑟一世骑马的铜雕。由于唐约瑟一世平常骑的是一匹黑马，所以这个广场被称为黑马广场。

唐约瑟一世纪念碑，常常被人说成是"唐约瑟一世是葡萄牙第一代国王，在1147年率领基督教十字军攻下里斯本。"其实这是张冠李戴，葡萄牙第一代国王是阿方索一世（阿方索•亨利克斯）。在1755年大地震之前，在宫殿广场中心矗立的是阿方索一世雕像，在地震中倒坍。重建之后，矗立的是唐约瑟一世纪念碑。

我在科梅西奥广场漫步。那天，里斯本的天空一片瓦蓝，所以拍摄的白色凯旋门在蓝天映照之下格外漂亮。整个科梅西奥广场沐浴在璀璨的阳光之下。

我从科梅西奥广场朝特茹河边走去。深蓝色的特茹河上，气垫船飞速驶过，留下白花花的浪迹。

漫步里斯本新城

我发现，拍摄科梅西奥广场的凯旋门和唐约瑟一世骑马的铜雕还有一个特殊的角度。那就是从科梅西奥广场穿过凯旋门往里走，那里是拜萨商业步行街。从拜萨商业步行街回首，透过白色凯旋门的拱形门洞，恰好见到唐约瑟一世纪念碑的黑色背影，不仅色彩对比强烈，而且可以使照片富有纵深感。

拜萨商业步行街是里斯本的商业区。一条条街道两边都是商铺，而街道中央摆放着座椅、小桌。我走倦了，在那里坐下来小憩，喝杯饮料。

拜萨商业步行街属于里斯本的下城区，又称新城。我在下城区漫步，发现这儿的街道井然有序，一条条南北方向的街道与一条条东西方向的街道纵横交错，呈格子状布局，与上城区那些依山而筑、斜七歪八的小街全然不同。不言而喻，新城是经过精心规划、设计而建成的。

里斯本新城是在大地震的废墟上重建的，如同在一张白纸上画出缜密的规划图。

1755年11月1日的大地震使里斯本全城三分之二的建筑颓然倒下。面对满地的尸体和瓦砾，当时的葡萄牙国王唐约瑟一世的心碎了，心灰了。国王想迁都，离开这遍地是哭声、鲜血、火光、烟尘的里斯本。

国王问计于首相庞包尔。

异常冷静的庞包尔答道："埋葬死者，确保生者。"

在全力完成了抢救生者的工作之后，国王唐约瑟一世与首相庞包尔商议重建里斯本，要在废墟上建一座面目一新的城市。

庞包尔任命经验丰富、办事认真的80岁高龄的迈亚将军作为重建里斯本计划的总设计师。在庞包尔亲自过问之下，迈亚将军不负重望，制订了科学的重建计划。里斯本新城的道路横平竖直，像棋盘那样整整齐齐。重建计划规定，里斯本新城的主要大街都是60步宽，内中50步是路，10步是人行道。重建计划要求，所有的街道都安装路灯、设有下水道和厕所。这在当时是很先进的。

经过20年的努力，一座崭新的里斯本呈现在世人面前。里斯本终于走出大地震的阴影，成为欧洲一座布局合理、设施先进的新城。

为了纪念国王唐约瑟一世与首相庞包尔带领葡萄牙人走出大灾大难的功绩，科梅西奥广场中央矗立起唐约瑟一世的铜像，而在里斯本新城的另一个广场矗立起庞包尔的雕像，那个广场被命名为庞包尔广场。

我走在里斯本新城的人行道上，发觉用石子铺成的人行道上，有着各

庞包尔广场

从拜萨商业步行街回首，透过白色凯旋门的拱形门洞，恰好见到唐约瑟一世纪念碑

种各样黑色的图案，给人赏心悦目之感。只要认准了方向，没有向任何人问路，我就从特茹河畔的科梅西奥广场走到圣乔治城堡山脚下的菲盖拉广场以及相邻的罗西奥广场。

菲盖拉广场（葡萄牙语为Figueira square）是里斯本市中心一个长方形的广场，葡萄牙语中的Figueira，音译为菲盖拉，原意是无花果，所以菲盖拉广场又叫无花果广场。这里原本是一座医院，在1755年的里斯本大地震中被震坍，改建为市场，因为很多商贩在这里售无花果，得名无花果市场。1971年改建为广场，仍沿用原名为无花果广场市场。

我走进菲盖拉广场，首先吸引我眼球的是广场中心矗立的策马飞驰的英雄式铜像。在欧洲，这样横刀立马的铜像大都是纪念征战四方的帝王或者将军。果真，从碑座上镌刻的文字"A DOM JOAO I"得知，那是葡萄牙国王约翰一世。所以这个广场的官方名称叫做约翰一世广场。

约翰一世又称约翰大帝，是葡萄牙和阿尔维加国王（1385－1433年在位）。他在登基之初，便在阿尔茹巴罗塔一战中大败入侵的卡斯特军队，捍卫了葡萄牙的独立，使他名声大震。他还确立了葡萄牙向海上发展的国策，并为后来葡萄牙大航海时代的到来吹响了前奏。正因为这样，约翰一世被誉为葡萄牙伟大的国王。

在菲盖拉广场上，抬头便可看见远处山巅的圣乔治城堡。

菲盖拉广场四周，被商店所包围。我注意到内中有　家麦当劳，店面颇大，但招牌却是绿底黄字"M"，跟中国常见的红底黄字"M"不同。此后我在西班牙、法国，也都见到绿底黄字"M"的麦当劳招牌。

里斯本多广场。我从那家麦当劳走过去，大约50米，便是另一个广场，即罗西奥广场（葡萄牙语为Rossio square）。罗西奥是Rossio的音译，葡萄牙语的原意是盛大的意思。

罗西奥广场比菲盖拉广场"盛大"。不过看上去有点眼熟。哦，我记起来了，广场的布局酷似巴黎的协和广场。尤其是罗西奥广场中心的圆形喷水池里那巨大的青铜盏以及盏下的种种青铜雕像，跟协和广场的喷水池如出一辙。

里斯本广场几乎都有纪念碑。罗西奥广场的白色圆柱形纪念碑顶上，站着一位身材彪悍的男子的青铜雕像。他便是佩德罗四世（1798年10月12日－1834年9月24日）。他是葡萄牙布拉干萨王朝第九任君主，又是巴西第一任总督，后来成为巴西帝国的第一个皇帝。所以罗西奥广场又名佩德罗四世广场。从佩德罗四世身兼葡萄牙国王与巴西帝国皇帝可以看出，葡萄牙与巴西曾有着何等亲密的关系。

圆形喷水池的雕像

里斯本的佩德罗四世青铜雕像

佩德罗四世雕像圆柱的底部，有4座女性白色大理石雕像，分别象征着"正义、智慧、力量和节制"，据称这是佩德罗四世国王对自己的评价。

罗西奥广场之侧，是新古典主义建筑风格的玛利亚二世国家剧院。剧院门廊是6根爱奥尼亚式圆柱，相传取自于地震中倒塌的圣方济修道院。圆柱之上是三角楣顶饰。在三角楣上面，有三尊白色大理石雕像：左边的雕像是代表悲剧的墨尔波墨涅；右边的雕像是代表喜剧的塔利亚，都是缪斯女神之一。中间的雕像是"葡萄牙戏剧之父"吉尔文森特。

罗西奥广场是里斯本的交通枢纽，地铁和多路公交都经过这里。很多里斯本居民每天都打这里经过。

从罗西奥广场往南，是老城区阿尔法玛；往北，则是自由大道。

自由大道贯穿市中心的中轴线，是里斯本最宽敞、最气派的街道，宽90米，长达1.2公里，两侧的棕榈树、椰子树等绿树成荫，人称里斯本的香榭丽舍大道——在1879-1882年间，按照巴黎香榭丽舍大道模样建设的。

自由大道跟大众化、平民化的拜萨商业步行街不同，这里集中着里斯本的品牌店、高级写字楼、高星级酒店、银行大楼，是里斯本高档购物区和消费区。

在里斯本，我还在特茹河畔的亨利王子纪念碑附近，走访了贝伦塔。

贝伦塔又译为贝琳塔，有着近500年的历史。贝伦塔名为塔，其实是一

里斯本贝伦塔

座高大的方形城堡。圣乔治城堡扼守着里斯本的制高点，而贝伦塔则在特茹河北岸扼守着里斯本的入海口，只是贝伦塔的规模没有圣乔治城堡那么大。

贝伦塔外墙厚实而造型很美，浅黄色，拜占庭式的角楼和缎状屋顶，融入了伊斯兰国家和东方的风格。

贝伦塔其实原本是葡萄牙的海关。塔里安装了大炮，炮口对准特茹河口，起着堡垒作用。

在葡萄牙的大航海时代，这里是葡萄牙船队远航的起点，归航的终点。在葡萄牙水手中流行一句话："看到贝伦塔，就到家了。"

1983年，贝伦塔被联合国教科文组织列入世界文化遗产名单，如今已被辟为博物馆。贝伦塔已经成为里斯本地标式建筑之一。

贝伦塔的精美装饰

玛利亚二世国家剧院

　　在里斯本，我见到高大宏伟的阿瓜里弗渡槽。渡槽的核心部分长941米，穿越了阿尔坎塔拉山谷，共有35道拱门。这是18世纪葡萄牙最杰出的工程之一，为解决当时里斯本生活用水匮乏做出了重要贡献。这个宏伟的工程开工于1731年，完工于1744年。

　　在"4·25"大桥，在亨利王子纪念碑的对面，我看到山上有一座高达110米的耶稣像，造型跟巴西首都里约热内卢的耶稣像一样，无形中道出了葡萄牙与巴西的亲缘关系以及共同的宗教信仰。

　　1998年，里斯本成为世界博览会主办城市，主题为"海洋，未来的资产"，充分显示了里斯本的特色。这届世界博览会在里斯本共举行132天，1 000万人次入场参观，大大提高了里斯本在世界上的知名度，同时也大大促进了里斯本的发展。

美味的名片——蛋挞

小小蛋挞，竟然成了葡萄牙的美味名片，实在出乎我的意料。

谁都知道，热蛋挞要比冷蛋挞好吃。在上海，只消"稍移玉步"，我就能够在离我家只有一箭之遥的西饼店里买到刚出炉的蛋挞。即便这样，我在光顾这家西饼店时，总是买面包、蛋糕，只尝过一两回蛋挞。

给我留下深刻印象的是，我与妻在澳门见到"葡式蛋挞"店，即买了几个刚出炉的蛋挞，那"味道好极了"，又香又酥，远远胜过上海的蛋挞。澳门当年是葡萄牙的殖民地。我一问，方知澳门的蛋挞是从葡萄牙传入的，而蛋挞的"故乡"是葡萄牙，所以澳门的蛋挞叫做"葡式蛋挞"。

正因为这样，这一回来到葡萄牙，非要尝一尝这里的蛋挞不可。

在里斯本的大街小巷，几乎每一家点心店、咖啡馆里，都有蛋挞，但是最正宗、历史最悠久的"老字号"蛋挞店，在贝伦（BELEM）区，葡萄牙语为PASTETIS DE BELEM，意即"贝伦蛋挞"。葡萄牙蛋挞，最初就是在这里诞生，所以PASTETIS DE BELEM享誉四方，成为名副其实的名牌店。在贝伦区，只有这家店叫做PASTETIS DE BELEM，其他的蛋挞店是不能叫PASTETIS DE BELEM的。也就是说，贝伦区其他蛋挞的产品是不能冠以"贝伦蛋挞"这个名字，而只能叫PASTETIS DE NATA。葡萄牙语NATA，是奶油的意思。

有人曾说，"没有吃过PASTETIS DE BELEM的蛋挞，如同没到过葡萄牙。"所以到里斯本的游客，总是千方百计要去一趟PASTETIS DE BELEM，尝一尝最正宗的葡萄牙蛋挞。

PASTETIS DE BELEM这家名店并不难找，就在离贝伦塔不远的热诺尼莫斯修道院（Mosteiro dos Jerónimos）附近。这样，在游览贝伦塔之后，可以顺道访问热诺尼莫斯修道院，再品尝葡萄牙"老字号"的蛋挞。此外，亨利王子纪念碑、葡萄牙总统府也在贝伦区。

热诺尼莫斯修道院是里斯本著名历史建筑，是葡萄牙最雄伟、最壮丽的修道院，在1983年与贝伦塔一起被列入联合国教科文组织的世界文化遗产名录。

里斯本百年蛋挞老店
PASTETIS DE BELEM

小小蛋挞，竟然成了葡萄牙的美味名片

　　热诺尼莫斯修道院是在1501年由葡萄牙国王曼努埃尔一世下令建造的，历经100多年才终于建成。据称，每年花费的工程费用，相当于70公斤黄金。热诺尼莫斯修道院呈现三种建筑风格：最西侧为哥特式，中间为曼纽尔式，最东侧则为新古典主义风格。由于精心施工，热诺尼莫斯修道院虽然颇费时日，但是不仅装饰华丽，而且工程质量一流。

　　奇迹发生在1755年11月1日早上9时40分。这天不仅是星期日，而且是天主教徒最重要的节日之一——万圣节。里斯本的40所教堂和近200所修道院里挤满了天主教徒，正在做弥撒，而葡萄牙王室则在热诺尼莫斯修道院做弥撒。当大地震突然袭来，大部分教堂和修道院当即崩塌。内中，里斯本的保护神文森特大教堂当时座无虚席，就连过道上都站满了人。地震时"整个教堂就像巨浪中的船舶摇摆起来，教堂大门的拱形支柱和旁边的建筑晃动着塌了下来，教堂里所有的人都被埋在下面。"然而热诺尼莫斯修道院经受大地震的考验屹立不倒，葡萄牙王室毫发无损。正因为葡萄牙国王唐约瑟一世和首相庞包尔都安然无恙，所以他们成功地领导了里斯本的重建。

　　于是，热诺尼莫斯修道院受到了葡萄牙人格外的推崇，以为神在那里庇护葡萄牙王室，使他们躲过了里斯本浩劫。

　　热诺尼莫斯修道院里，安放着著名的航海家达·伽马和葡萄牙诗圣卡蒙斯的石棺。

　　对于热诺尼莫斯修道院来说，2007年12月13日是一个历史性的日子。欧盟各国首脑齐聚热诺尼莫斯修道院，签署相当于欧盟宪法的《里斯本条约》，使热诺尼莫斯修道院载入欧洲史册。

　　令人意想不到的是，小小蛋挞的诞生，也跟热诺尼莫斯修道院休戚相关。

那家鼎鼎大名的蛋挞老店PASTETIS DE BELEM，就在离热诺尼莫斯修道院200多米的地方。PASTETIS DE BELEM并不难找，什么地方顾客排着长队，那里就是PASTETIS DE BELEM。

很出乎我的意料，PASTETIS DE BELEM门面并不大，一点也不"显赫"，似乎跟这家店远播的大名很不相称。

那是一幢白色的三层大楼，底层开着多家商店，PASTETIS DE BELEM只是其中之一。海蓝色的招牌字，海蓝色的遮阳棚，墙上的青花瓷砖，大西洋的蓝色成了PASTETIS DE BELEM的标志色。

在PASTETIS DE BELEM的蓝色遮阳棚上，在大门前的人行道上，醒目地写着"desde 1837"。葡萄牙文"desde"，就是"从"的意思，意即1837年创办。屈指算来，已经有着将近200年的历史。

PASTETIS DE BELEM的创办者，便是热诺尼莫斯修道院的修女们。

1820年8月，葡萄牙爆发了自由党人的革命。从1834年开始，所有修道院均被关闭。热诺尼莫斯修道院的修女们为了生计，尝试着自力更生，在修道院里制作甜点，在附近的一家甘蔗制糖厂设摊出售。不料，这种甜点居然很受欢迎，生意兴隆。于是在1837年，修女们在甘蔗制糖厂旁边开了一家甜点店，名字就叫PASTETIS DE BELEM。

修女们制作的这种甜点，葡萄牙语为Pastéis de Belém，意思是"贝伦甜点"。这种甜点在当时还被叫做"大使的脸颊""天堂熏肉""修女的胃"。

由于这种"贝伦甜点"的馅是露在外面的，所以被译成英文时叫做"Tarta"，意即"馅料外露的馅饼"。在英语中，把馅料包裹在里面的叫做pie，即馅饼。

"Tarta"音译为中文便叫做"蛋挞"，所以热诺尼莫斯修道院修女们制作的广受欢迎的甜点，就是蛋挞。

PASTETIS DE BELEM这家店离贝伦塔很近。众多的海船把蛋挞带到欧洲各地以及亚洲、非洲、美洲，于是蛋挞作为葡萄牙的美食传遍了世界。

葡萄牙的蛋挞出名之后，英国的历史学家经过考证，提出："早在中世纪，英国人已利用奶品、糖、蛋及不同香料，制作类似蛋挞的食品。1399年英格兰国王亨利四世的一次宴会便有食用蛋挞的记载。"还有英国人指出，蛋挞"起源于英国都铎王朝时代，是由一名黑人女仆发明的"。

英国人的考证也许有所依据，但是热诺尼莫斯修道院的修女们制作的蛋挞不仅享誉葡萄牙，而且享誉世界，却是不争的事实。

奶油香味扑鼻而来。我走进PASTETIS DE BELEM细细察看，而妻则

里斯本PASTETIS DE BELEM总是顾客盈门

加入长蛇阵，排队买蛋挞。

PASTETIS DE BELEM的门面虽然不大，里面却很大。大堂的柜台高高的，柜台前挤满顾客。几位女营业员忙得不可开交。大堂旁边是几个蛋挞餐厅，一张张餐桌旁座无虚席。顾客们在这里一边品尝刚出炉的蛋挞，一边喝着葡萄牙产的黑咖啡。据称，"蛋挞+黑咖啡"是最佳组合。

大堂连着生产蛋挞的工厂。我从墙上的一幅黑白照片看到蛋挞是女工们手工制作的。我从一扇门看进去，见到几位葡萄牙男子正在忙碌，把带轮子的铁架推向烤炉。铁架上放着一屉屉长方形不锈钢盘，每个方盘里放着五六十个生的蛋挞。这些方盘被放进烤炉。

经过烤炉烘烤，一个个淡黄色的生蛋挞变成略带焦黑的褐黄色。这些散发着热气的蛋挞被装进印有PASTETIS DE BELEM蓝字的白色纸盒里，售给柜台前久等的顾客们。

这时候，我发觉英文"Tarta"的含义为"馅料外露的馅饼"，真是传神。

蛋挞分为两部分：

一是挞皮，用淀粉以及牛油或者猪油做成碟状，放在饼模里；

二是馅料，在鸡蛋中拌进砂糖做成的蛋浆。

往一个个碟状挞皮里灌进蛋浆，经过烘烤，成了香喷喷的蛋挞。这时，还往上撒肉桂粉末，使香气更足。葡萄牙人当年是从斯里兰卡进口肉桂——那年月，肉桂曾经是稀罕的香料，欧洲人趋之若鹜。葡萄牙通过远航的海船，从斯里兰卡获得肉桂，为蛋挞添加香的氤氲。

经过烘烤的挞皮，松而脆。经过烘烤的蛋浆，凝固成半流体，入口即化。蛋浆表面的糖变成香甜的焦糖，格外可口。正因为这样，蛋挞成了葡萄牙的第一甜点，挑动着无数人舌尖上的味蕾。

妻排了十多分钟队，终于买到了一盒PASTETIS DE BELEM蛋挞。每一个蛋挞1.05欧元，相当于7元多人民币。在欧洲，这算是很大众化的点心了。

我品尝着葡萄牙的美味，觉得比澳门的葡式蛋挞更胜一筹。PASTETIS DE BELEM蛋挞的挞皮在烘烤之后变成一层又一层薄酥皮，与蛋浆融为一体，口感滑而嫩，可谓色、香、味俱佳。

蛋挞的原材料不过是鸡蛋、淀粉、白糖、牛油、猪油之类，到处都有，而且无须煎、炸、烹、炒，只消用烤箱烘烤罢了。世界上无数西饼店在做蛋挞，但是就没PASTETIS DE BELEM蛋挞好吃。据说，PASTETIS DE BELEM蛋挞是由主糕点师亲手在密室用秘方配料，全店只有3个人知道这秘方。

不过，在我看来，PASTETIS DE BELEM蛋挞真正的秘方是以将近两百年的时光，专心致志做一种产品。专于一则精于一，这才创造出世界第一的蛋挞。

葡萄牙人近年来在思索，美国的麦当劳、肯德基连锁店开遍全世界，那么作为葡萄牙甜点名片的PASTETIS DE BELEM蛋挞，能不能也实行连锁，开遍全世界？

谁都说刚出炉的蛋挞比冷蛋挞好吃，然而把冷蛋挞在微波炉里转一下，也可以与刚出炉的蛋挞相比美。这就使葡萄牙的蛋挞有了另一种输出方式，即把葡萄牙蛋挞装盒运往国外。

看来，一个宏大的"蛋挞行动"，正在葡萄牙的策划之中。

欧洲的 "天涯海角" ——罗卡角

　　三亚的天涯海角在中国家喻户晓。海南岛是中国最南端的大岛，而三亚处于海南岛的最南端。我面对无际无涯的大海，顿生天之涯、海之角的万分感叹，天涯海角成为这片海滩最确切、最传神的名字。

　　这一回，我寻访的是欧洲大陆的 "天涯海角"，那里叫做罗卡角（英语Cape Roca，葡萄牙语Cabo da Roca）。罗卡，葡萄牙语的意思是岩石。葡萄牙是欧洲大陆的最西端，而罗卡角是葡萄牙的最西端，所以罗卡角也就是欧洲大陆以至欧亚大陆的最西端。

　　罗卡角离里斯本并不太远。不过，出了里斯本，汽车一路上便盘旋于山路之中。那一带是辛特拉山脉，山并不高，但是山路弯弯曲曲。

罗卡角的十字架纪念碑

欧亚大陆的最西点——罗卡角

罗卡角是一个天气变幻莫测的地方，时而风，时而雨，气温要比里斯本低好几度。我的运气不错，那天碧空如洗，没有一丝云霓。

汽车从一座名叫辛特拉的小镇附近驶过。不久，前方高处出现一座红白相间的灯塔。哦，罗卡角到了！

我在罗卡角的灯塔那里下了车。灯塔周近的一个咖啡店、餐馆、小卖部、旅游工艺品小店以及一个收费的厕所，组成了简单的游客接待中心。

罗卡角的景物也很简单，除了高高的灯塔之外，便是在海边矗立着的一个十字架碑，亦即天主教碑，离灯塔大约200米。那是一个石砌的方柱形碑，顶上是一个水泥十字架。十字架面朝着大西洋。

我走到十字架碑那里，这才真正领略罗卡角的天涯海角的意境：原来，灯塔与十字架碑是建在一座陡峭的悬崖之上。这悬崖高于海平面140米之上。

我站在悬崖边朝下俯瞰，在笔直的悬崖下方，大西洋的巨浪正在后浪继前浪一层层涌来，冲击着巨崖，激起雪白的浪花。

我站在悬崖边朝前远眺，大西洋在远处，天际线与蓝天融合，真可谓"海阔天空"！

三亚的天涯海角是海滩，跟南海"平起平坐"，而罗卡角是雄踞于大西洋之上，是"高高在上"，更有天之涯、海之角的感觉。

罗卡角，是欧洲大陆的尽头，也是大西洋的起点。十字架碑的底座上，刻着葡萄牙16世纪的诗人卡蒙斯的一句诗，概括了罗卡角的意义：Onde a terra acaba e o mar começa，意即"陆止于此，海始于斯"。

卡蒙斯以史诗《卢济塔尼亚人之歌》享誉葡萄牙，被推崇为葡萄牙诗圣、最伟大的诗人，相当于"但丁之于意大利，歌德之于德国，密茨凯维奇之于波兰，普希金之于俄罗斯"。他安葬于里斯本热诺尼莫斯修道院。每当外国政要访问葡萄牙，常常到卡蒙斯墓前献花，表示敬意。

卡蒙斯的"陆止于此，海始于斯"，成为罗卡角名言。

在十字架碑的底座上，还刻着罗卡角的经纬度：北纬38度47分，西经9度30分。

罗卡角，是葡萄牙远航之梦开始的地方，是葡萄牙成为"日不落帝国"的"始于斯"之处。当年，一艘艘远航的风帆从里斯本启航，绕过罗卡角，一路向南、向南，驶向非洲，驶向亚洲，驶向美洲。

罗卡角，见证了葡萄牙的历史，也凝聚着葡萄牙的文化。我在罗卡角不仅见识了悬崖的惊悚，大西洋的广阔，而且看到了葡萄牙的过去、现在和未来。

正因为这样，罗卡角曾被网民评为"全球最值得去的50个地方"之一。

卡斯卡伊斯海滨

"007" 故乡——卡斯卡伊斯

沿着大西洋，从罗卡角往东十几公里处，便是葡萄牙第三大城市卡斯卡伊斯（Cascais）。那里距里斯本约30公里。

葡萄牙是小国，所以葡萄牙的"大城市"也小，卡斯卡伊斯的人口只有18万人。

然而，卡斯卡伊斯的特色是小而精。这座小城市的迷人海滨风光给我留下难忘的印象。正因为这样，当我从葡萄牙回来，友人问我，最喜欢葡萄牙哪座城市？我不假思索地回答说："卡斯卡伊斯！"

前往卡斯卡伊斯，是从欣赏浩渺无涯的大西洋开始的。下了罗卡角悬崖，一路上是无穷无尽的沙滩。大西洋的无限风光尽收眼底。这一带，大西洋的浪特别高大，白浪拍天。这浪很有节奏，前浪刚刚扑过去，平静了一阵子，后浪掀过来了，高高的浪头在海面上卷起一大片雪花般的泡沫，呈弧线朝前推进。白色的弧线在拥舔了沙滩之后，消失了，海面重归平静。没有多久，又一重浪以排山倒海之势冲了过来……这便是大西洋的韵律，大西洋的气魄。

坐落在大西洋之滨的卡斯卡伊斯，像张开双臂拥抱大西洋，一大片弯月形的海滩是市中心最靓丽的黄金地段。

红瓦、白墙、碧海、绿树、浅黄色的沙滩，是卡斯卡伊斯的基本色；两三层西式别墅鳞次栉比，显示这里优雅的生活；成排的棕榈树以及敞开的巨大阳台，表明这里没有寒冬；林立的私人游艇的桅杆，意味着这里富有人群之多；一家家餐厅摆满海鲜，散发出诱人的香味；沙滩上成群的穿泳衣的男男女女，是悠闲生活的写照。

卡斯卡伊斯是典雅而幽静、干净而明亮的海滨旅游胜地。然而这里的游客三三两两，没有蜂拥之感，因为这是一座低调的小城，到葡萄牙的游客云集里斯本，而到卡斯卡伊斯的人不及游客总数的5%。

卡斯卡伊斯算不上是古城。在19世纪初，这里还只是一个小渔村。第一个把注视的目光投向这里的是葡萄牙国王路易士一世（1838－1889年）。

在1861年，路易士一世的兄长、葡萄牙国王佩德罗五世故世。由于佩德罗五世没有留下子嗣，遂由胞弟路易士一世继位。路易士一世是一个精明强悍的君主，在位28年不仅改革诸多陋政，而且大兴土木。其中最具代表性的政绩，是巴黎埃菲尔铁塔设计师古斯塔夫·埃菲尔在特茹河上建造了两座钢结构拱形大桥，连接波尔图和对岸的加亚新城。这两座大桥于1881年开工并在1886年落成启用，拱跨172米，是当时世界之首。两座大桥以国王夫妇的名字命名为路易士大桥和玛丽亚大桥，迄今仍造福于民众。

卡斯卡伊斯市中心

有一年夏日，里斯本热不可耐，路易士一世亦汗流浃背。一位大臣向路易士一世建议说，离里斯本不远的海滨小村卡斯卡伊斯海风习习，乃避暑胜地。于是路易士一世来到卡斯卡伊斯，果真清凉，而且风景如画。于是路易士一世下令，在卡斯卡伊斯修建行宫及5幢别墅，供王室避暑之用。

我在卡斯卡伊斯弯月形海滩的一侧见到一座高大的城堡，那便是路易士一世当年下令修建的行宫。

自从国王的夏宫迁往卡斯卡伊斯，这座小城便开始腾飞。诸多王公贵族纷纷在卡斯卡伊斯修建别墅。所以卡斯卡伊斯从一开始便以高档住宅为主，居民也多数为富有阶层。

卡斯卡伊斯别墅造型各不相同，但是家家户户都有围着黑色雕花栏杆的大阳台。在白墙之中，间或有红色、黄色、湖绿、浅蓝以及黑白相间的外墙，色彩呈纷，各有千秋。

卡斯卡伊斯市政厅是一幢红瓦白墙两层小楼，顶上的两口铜钟使其看上去像教堂。市政厅前的广场上的白色地砖以及诸多人行道上的白色地砖，都用黑色涂料画上波浪形花纹，表明这里是海滨之城。这令我记起澳门很多广场以及人行道也是如此，显然是受到葡萄牙风格的影响。

在卡斯卡伊斯海滨，矗立着葡萄牙国王佩罗德一世雕像和卡斯卡伊斯第一任市长雕像，还有美人鱼雕像。

卡斯卡伊斯虽说是葡萄牙的第三大城，但是在欧洲并不起眼。卡斯卡伊斯诸多隐没在棕榈树丛中的豪宅，其主人往往是"低调俱乐部"成员。以卡斯卡伊斯为舞台，曾经有过多个悄然无息发生却最终震惊

卡斯卡伊斯市政厅

在卡斯卡伊斯海滨，矗立着葡萄牙国王佩罗德一世雕像

第一任卡斯卡伊斯市长塑像

卡斯卡伊斯的美人鱼雕像

世界的传奇故事……

　　第一个故事，要从美国加利福尼亚州圣地亚哥的一座百年老饭店说起。

　　在圣地亚哥时，我来到科罗拉多岛（Coronado Island），曾经走访那里的科罗拉多饭店。这座建于1888年的宾馆，远近闻名。科罗拉多饭店所有的建筑物都是白墙、红棕色尖顶，油漆常刷常新，所以毫无古建筑的陈旧感。这座饭店的特点是全部木质结构——世界上最大的全木质结构的宾馆。主楼为五层楼，总共有大小客房299间——西方以"9"为吉利数字。

　　在科罗拉多饭店，最为人们津津乐道的，是关于英国亲王温莎公爵的罗曼蒂克故事。

　　1931年，英国亲王爱德华在科罗拉多饭店结识了来自美国巴尔的摩市的女人沃利斯·辛普森，并深深地爱上了辛普森。然而，辛普森是结过两次婚的有夫之妇，当时她与她的第二任丈夫、英国富商欧内斯特来到科罗拉多饭店。论长相，辛普森并不算一流的美女，何况她已经37岁。然而，爱德华却不顾一切地去追求辛普森。

　　后来，辛普森在回忆往事时这么说道："唯一能说明他对我感兴趣的原因也许在于我那美国人的独立精神、我那直率、我那自以为具有的幽默感，以及我对他和与他有关的每件事的乐观或好奇……他是孤独的，也许我是第一个洞察他内心深处孤独感的人。"

1936年1月，亲王爱德华继位，成为英王爱德华八世。

爱德华八世坚持要迎娶已经离婚了的辛普森。但是，英国王室不可能接受一个离了两次婚的女人作为王后。爱德华八世不顾朝野强烈的反对，坚持要娶辛普森为妻。甚至这一婚姻将导致他失去王位，他也在所不惜！

爱德华八世在位325天。他逊位之后，由他的弟弟乔治六世继承王位。

他在逊位时说："没有我所爱的那个女人的帮助和支持，我感到不可能承担我肩负的责任。"

他在致辛普森的信中说："我的朋友，与你在一起，远胜于拥有王冠、权杖和王位。"

首相丘吉尔评价爱德华八世与辛普森的恋情说："他喜欢同她在一起，并且从她的品质中获得他要的幸福，就像他需要呼吸新鲜空气一样。"

爱德华八世逊位之后，成为温莎公爵。他从此不能回到英国。1937年，温莎公爵与辛普森在法国结婚并在巴黎住下。结婚时，温莎公爵对辛普森说："你可别后悔，我丝毫也不。我只知道幸福永远维系在你的身上……"

温莎公爵"不爱江山爱美人"的故事，成为科罗拉多饭店历史上最动人的一幕。

然而温莎公爵的故事并未在巴黎结束。故事的续篇在卡斯卡伊斯展开——温莎公爵与辛普森在1940年从巴黎悄然来到卡斯卡伊斯隐居。

温莎公爵与辛普森为什么要离开欧洲的花花世界巴黎，躲到葡萄牙的小城卡斯卡伊斯做寓公呢？

那是因为第二次世界大战爆发，1940年6月14日纳粹德国军队攻占巴黎。温莎公爵携辛普森逃往卡斯卡伊斯有两个原因：一是葡萄牙在第二次世界大战中是中立国，二是卡斯卡伊斯环境优美、生活舒适而不引人注意。

没有想到，温莎公爵一到卡斯卡伊斯，德国纳粹的特工便跟踪而至。纳粹特工为什么如此关注温莎公爵的行踪？原来，希特勒看中了温莎公爵。希特勒在"吃掉"法国之后，下一步棋就是征服英国。一旦英国投降，希特勒打算扶植一个傀儡统治英国，为美人逊位的温莎公爵显然是最合适的人选。希特勒召见纳粹外交部长里宾特洛普和盖世太保间谍头目霍尔特舒伦堡，制订了一个在卡斯卡伊斯绑架温莎公爵与辛普森的计划，要求从卡斯卡伊斯押送他们到德国。

英国特工也"耳听八方"。英国军情五处截获了纳粹的密电,首相丘吉尔获知了纳粹特工准备在卡斯卡伊斯绑架温莎公爵后,当即派出英国情报部负责人活尔特·蒙克顿作为首相特使抵达卡斯卡伊斯,宣布任命温莎公爵为加勒比海的巴哈马群岛总督兼司令,要求温莎公爵携夫人立即赴任。

于是,德国与英国特工在卡斯卡伊斯展开尖锐的较量。安安静静的小城卡斯卡伊斯,顿时谍影重重,充满火药味。

毕竟英国首相丘吉尔先下手为强。在英国情报部负责人活尔特·蒙克顿亲自陪同之下,温莎公爵夫妇于1940年11月17日登上"艾克斯凯利伯"号游轮远航,来到美国佛罗里达附近的巴哈马群岛,从此挣脱了德国特工的纠缠。

第二个故事,则要从阿尔巴尼亚首都地拉那说起。

这也是第二次世界大战中的谍战故事,只是这一回英国特工的对手是法西斯意大利的特工。双方争夺的人物是阿尔巴尼亚国王索古一世。

索古一世名叫艾哈迈德·索古,并非世袭的国王。1895年10月8日,艾哈迈德·索古出生于阿尔巴尼亚中部马蒂区的大封建主家庭。1920年至1922年他出任阿尔巴尼亚内政部长,1922年至1924年任总理。1925年1月策划成立阿尔巴尼亚共和国,任总统兼总理、军队总司令。1928年9月发动政变,宣布阿尔巴尼亚为君主国,建立索古王朝,自称是国王索古一世。

随着法西斯意大利的崛起,法西斯头子墨索里尼对阿尔巴尼亚虎视眈眈。阿尔巴尼亚作为巴尔干半岛的小国,索古一世自知无法跟意大利抗衡,于是对墨索里尼用尽曲意奉迎之能事。但是在1939年4月8日,墨索里尼还是下令意大利军队入侵阿尔巴尼亚,几乎没有遇到什么抵抗,就占领

路易士一世当年下令修建的行宫

路易士一世当年下令修建的行宫

了首都地拉那。国王索古一世被赶下了王位，遭到软禁。

这时，英国派出精锐的特工突击队——"30冲锋队"（30 Assault Unit，简称"30AU"），执行营救阿尔巴尼亚国王索古一世计划。这支特工突击队的指挥官是英国海军情报局局长私人助理伊恩·弗莱明中校。当时，弗莱明住在葡萄牙卡斯卡伊斯豪华的"太阳酒店"，精心策划了营救索古一世的行动。

在弗莱明的部署下，"30冲锋队"潜入阿尔巴尼亚首都地拉那，详细侦察了位于近郊的索古一世寓所，作了周密的部署。

一天上午，一辆垃圾车像平常那样驶入国王公寓。两名清洁工下了车，开始装运垃圾。就在这时，国王公寓对面的街上发生了一起车祸，一辆汽车当即着火。看护国王公寓的意大利特工以及警察的注意力都被车祸所吸引，跑去处理车祸。也就在这时候，从国王公寓走出两名穿清洁工服装的男女，肩扛垃圾袋。他们上了垃圾车，扬长而去。

在意大利特工以及警察灭了火，处理完毕车祸后，他们居然还没有察觉国王夫妇早已不见踪影。

当他们终于发现索古一世夫妇失踪后，连忙派人往瑞士方向追寻索古一世夫妇，因为索古一世事先曾经放出风声要去瑞士。

在"30冲锋队"的帮助下，索古一世夫妇顺利登上一艘意大利游船，离开了地拉那，几经周转，秘密来到了葡萄牙卡斯卡伊斯。他们在卡斯卡伊斯住了一段时间，最后登上驶往美国的轮船。

第三个故事，是关于"30冲锋队"指挥官弗莱明的。

1953年，45岁的弗莱明故地重游，下榻在卡斯卡伊斯的"太阳酒店"。往事历历，触动了弗莱明的创作神经。他决意把自己丰富的谍战经历写成长篇小说。他以为，小说主角的名字应当"简洁而有力"。正巧，桌子上放着一本《西印度群岛的鸟类》，书的作者叫詹姆斯·邦德。哦，詹姆斯·邦德，这名字"简洁而有力"，他就"借"来作为小说主角的名字，代号"007"。

他写出了第一部谍战小说《皇家赌场》。

此后，弗莱明以每年一部的创作速度，相继出版了《生与死》、《永远的钻石》、《来自俄罗斯的爱情》、《霹雳雷球》、《爱我的间谍》、《女王陛下的特工》、《你只活两次》等十几本"007系列小说"。

随着"007系列小说"被拍成电影，作为曾经的"谍战中心"的卡斯卡伊斯也名声大振。

1964年8月12日，56岁的弗莱明心脏病猝发，在儿子的生日宴会上倒下，离开了人世。

从葡萄牙国王路易士一世用金钥匙打开卡斯卡伊斯的大门，到"007系列小说"和电影的诞生，卡斯卡伊斯不仅成为豪华别墅云集的漂亮海滨城市，而且赢得了世界声誉。

卡斯卡伊斯小城，真是故事多多！

埃维拉的人骨教堂

从卡斯卡伊斯小城往东30公里，我重回里斯本。

接着，又继续往东，里斯本东南120公里处，亦即葡萄牙中南部，我走访了历史文化名城埃维拉（Evora）。

埃维拉是比卡斯卡伊斯更小的城市，是一座只有4万多人口的小城。跟卡斯卡伊斯不同的是，走进埃维拉如同走进中世纪。

埃维拉是一座古城。至今，埃维拉仍保持着古城的风貌，到处是白墙老宅，内中的门框、窗框往往用鲜黄色装饰，狭街小巷铺着石子路。

葡萄牙埃维拉的晚霞

　　埃维拉的第一古迹是罗马神殿，建于公元2世纪，表明埃维拉拥有1800多年的历史。盛极一时的罗马帝国的势力扩张到这里，成为小城的统治者，建造了罗马神殿。经过岁月的洗礼，当年宏伟的罗马神殿，如今只剩下光秃秃的14根石柱兀立着，成为小城最年长的"历史老人"。

　　埃维拉的兴盛辉煌是在15世纪，当时它曾是葡萄牙王宫所在地，成为葡萄牙的第二大城。后来战争使埃维拉走向衰落，成为被遗忘的角落。

　　不过，也正因为长期处于被遗忘的状态，停滞不前的埃维拉保持了中世纪古城的状貌。1986年联合国教科文组织把埃维拉这座城市（并非某个历史建筑）列入世界文化遗产名录，因为埃维拉本身就是一座博物馆，被称作"博物馆城市"。

　　我来到建于1510年的圣弗朗西斯科教堂。在欧洲，教堂比比皆是。一样的哥特式尖顶、尖拱，石砌的圣弗朗西斯科教堂除了古老，看上去并无特色。然而这座教堂吸引无数游客的是大堂西侧的一个小厅。

　　圣弗朗西斯科教堂是对游客免费开放的，然而进入西厅，每人要付2欧元（相当于15元人民币）。

　　圣弗朗西斯科教堂的西厅，为何如此与众不同？

葡萄牙埃维拉

原来，这儿是一个令人悚然汗下的骷髅世界，名为"人骨教堂"。

我步入人骨教堂，在黄晕的灯光下，满目是人骨和骷髅：入口处的蜡烛台是用120多块人骨做成。这里的墙壁，像堆放干柴似地密集堆放着无数人骨。这里的方柱，用成排的骷髅和人骨装饰。天花板的轮廓线，由一长串骷髅组成。神坛上的十字架、墙壁上的"花毯"，都是由人骨组成。

据称，人骨教堂用了一万多具人的尸骨。

这么多人的尸骨，是从哪里来的？

那是1348年到1352年间，黑死病席卷欧洲，把欧洲变成了死亡的陷阱。据统计，黑死病夺了欧洲1/3的人口，总计死亡2500万人！

黑死病，也就是鼠疫。据记载，黑死病从中亚传入黑海地区，再向西南传播到地中海沿岸，从意大利进入西班牙，又从西班牙传入葡萄牙。

黑死病在埃维拉夺了3万多人的生命。一时间，埃维拉成了一座死城，到处是尸体。人们无法为死者一一建造坟墓，只得挖个大坑，把死尸往坑里扔。

然而，祸不单行，15世纪的战争，又使埃维拉许多人战死。

1490年，当埃维拉开始兴建圣弗朗西斯科教堂的时候，开挖地基时发

69

现了许许多多人的尸骨。有人建议，与其让死者这样乱七八糟埋在地下，不如用尸骨整整齐齐装饰教堂，表示对已故者的尊重。

天主教以为，死亡是非常神圣的。建造人骨教堂，正是既尊重"生"、也尊重"死"的神圣体现。

30年之后，当圣弗朗西斯科教堂落成，西厅的人骨教堂也正式对外开放。

在人骨教堂里，用葡萄牙文写着这样的诗句：

你要到哪里去，为何行色匆匆？
停下脚步吧，不要再向前。
仔细想想看，对于你而言，
人生最重要，即是眼前之所见。

另外，在人骨教堂的大门之侧，还刻着这样一句话：

我们在这里等着你们！

人骨教堂仿佛把生与死说透了，看透了，似乎在时时提醒活着的人们，生命短暂，稍纵即逝，要珍惜分分秒秒。

在葡萄牙埃维拉街头

在葡萄牙亲历急诊

　　读万卷书，行万里路。喜欢旅行的我和妻一起走过那么多国家，从未在外生病。出乎意料的是，这一回在葡萄牙埃维拉圣弗朗西斯科教堂，妻不慎跌跤而骨折，不得不叫救护车送医院急诊。

　　进入人骨教堂时，在我看来，这是难得一见的世界奇观，便用照相机细细拍摄。妻却感到阴森、惶恐。我要给她在人骨教堂里拍照，她连连摇头。

　　在走出西厅人骨教堂时，她竟一脚踩空，跌在圣弗朗西斯科教堂大堂的灰白色大理石地面上。双眉紧蹙，脸色惨白。我扶起她。她说，右手剧痛。她在跌跤时，本能地用右手撑地。她的手腕处迅速肿了起来，右手指动弹不得，看样子伤得不轻，手臂极可能骨折。很多游客伸出援助之手，扶起她在教堂的褐色木长椅上坐定。

　　这时，有人用手机打112（也就是中国的120）急救电话。没多久，一辆黄色蓝字的救护车呼啸而至，停在圣弗朗西斯科教堂大门口。

　　我搀着妻上了救护车，两名护士在车上对妻的右臂进行了临时包扎，用木板固定，绑上白色纱布。包扎毕，救护车在石子路上急驶，颠簸着，妻痛得尖叫了一声，司机连忙放慢了速度。

　　救护车驶抵一家医院，墙上写着葡萄牙文"Hospital do Espirito Santo de Évora"，即埃维拉圣灵医院。

　　护士马上挂了急诊，没有要我付挂号费，只要求我替妻在病历单上用英文填写了姓名、手机号码、上海地址。我们被安排在候诊室等待。这家医院是埃维拉的中心医院。虽然埃维拉是一座只有4万多人口的小城市，候诊室里却挤满患者。

　　须臾，护士领着我们前往骨科诊室。骨科大夫是一位长着连腮黑胡、戴深褐色框眼镜的中年男子，名叫弗里德里克·马尔克斯·柯雷亚。

　　他用葡萄牙语询问，我听不懂。他很聪明，拿出手机上了google网，输入葡萄牙文，用葡英翻译软件译成英文。他问明情况之后，开出X光检查通知单。我陪妻来到X光室。我本以为冲洗X光胶片要等许久，没有想到，当我们回到骨科诊室的时候，X光图像已经出现在弗里德里克大夫的

作者夫人与葡萄牙Frederico Marquez Correia弗里德里克马尔克斯医生合影

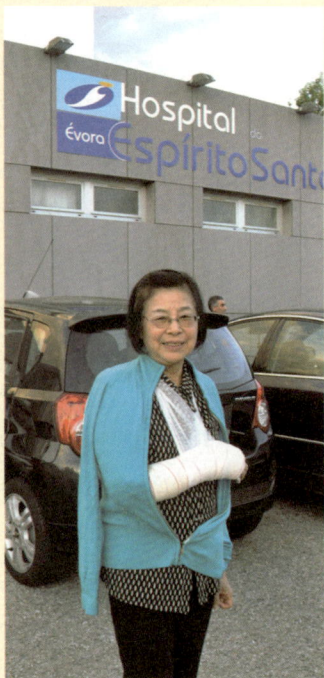

在埃维拉圣灵医院

电脑屏幕上。原来这家医院采用数码X光透视仪，并通过网络传输图像，相当先进。

　　弗里德里克大夫观看了X光透视图像之后，断定前臂的尺骨和桡骨这"双骨"完好，但是腕骨发生骨折。他在妻的腕部打了一针镇痛剂，然后叫来一位女助手，紧紧抓住妻的右肩，而他则抓住右掌，思忖了一下，轻轻拉一下之后，接着再使劲拉了几下。这时，妻的5个右指忽地都能自如动弹了。

　　弗里德里克大夫给妻的右手上了石膏，用纱布层层包扎，那动作非常麻利。接着，他要妻再去X光室透视。

　　当我陪着妻回到骨科诊室，弗里德里克大夫正在仔细端详着屏幕上新的X光图像。他显得一脸轻松，表示手术成功。他用手指从眼睛往下划了几下，再摇摇手，翘起大拇指，表扬妻在手术时没有痛得大哭。

　　我去总台结账。总台小姐的电脑屏幕上显示救护车费、医疗费总共为22.6欧元（相当于165元人民币）。我给总台小姐一张50欧元纸钞，她竟找不出，因为这里的居民差不多都有天蓝色的医疗保险卡，看病不花钱，所以她那里没有现金。直到我找出一张20元纸币以及几枚硬币，正好22.6欧元，这才结束这次特殊的急诊。

这次急诊，使我对葡萄牙的医院有了亲身接触。葡萄牙的医院分为公立医院和私立医院。葡萄牙公民在公立医院享受免费医疗，只是公立医院患者多，候诊时间长一些。就医疗设备、医疗水平、医疗条件而言，葡萄牙是相当先进的。

据当地一位葡萄牙籍华人告诉我，他住院期间，连医院提供的饮食都是免费的。另外，有的病人出了医院，还要进疗养院，同样是免费的。

妻经过葡萄牙医生的医治，仍坚持与我一起旅行，只是右手包扎着石膏，给行动带来不便。

弗里德里克的医术是不错的。遵照他的嘱咐，在40天之后拆除石膏。

"软木王国"

葡萄牙作为小国，用小小的蛋挞撬动了世界。葡萄牙另一个小小的特产，也赢得了世界性的赞誉和荣耀，那就是软木。

最早"结识"软木，是热水瓶的瓶塞。上海城隍庙的小商品商店里，有软木塞专卖店，大大小小、各种各样的软木塞，琳琅满目。

后来，在开启葡萄酒的时候，又"遭遇"软木塞。那长长的软木塞，非常紧密。如果不是用专门的开瓶器来把软木塞拔出来很难打开。得益于软木塞的紧密，瓶里的酒在密闭之中得到很好的保存，所以在开启软木塞之后，便喷发出一股酒香。

软木塞是用软木做的，世界上的软木大国便是葡萄牙。如今软木世界年产量为60万吨左右，其中50%以上产自葡萄牙。葡萄牙向50多个国家出口软木。正因为这样，葡萄牙被誉为"软木王国"。中国的软木年产量约为5万吨，占世界软木总产量的1/12。

我只认得软木塞，不认识软木树。一到葡萄牙，就四处寻找软木树。谁知，软木树就在我身边，只是我"有眼不识泰山"罢了。经当地朋友指点，我方知软木树真正的名字叫做"栓皮栎"（Cork Oak，又叫软木栎）。栓皮栎枝叶繁茂，树干粗壮，看上去像巨大的绿色蘑菇。

被剥取了树皮的栓皮栎

栓皮栎

自从认得栓皮栎之后，我在葡萄牙旅行，常常见到向阳的山坡上长着密密麻麻的栓皮栎林。栓皮栎通常生长在亚热带、温带海拔400－2000米的山林中。葡萄牙的地中海式气候很适合栓皮栎的生长，所以漫山遍野是栓皮栎林。除了葡萄牙之外，西班牙以及法国南部，也适合栓皮栎生长，所以同样常常见到成片的栓皮栎林。

常言道："人要脸，树要皮。""树不要皮，必死无疑。"栓皮栎却是个例外，别的树怕剥皮，而栓皮栎在剥皮之后不仅不死，而且还会长出新皮。栓皮栎分为三层，最里面的是木质部，中间的是再生层，最外边的是栓皮，即树皮。软木，就来自从栓皮栎树干剥下的树皮。栓皮栎长了25年后算是进入成年。成年的栓皮栎平均高约7米，粗壮的树干直径达80厘米，这时候可以第一次剥皮。剥皮之后，栓皮栎的再生层会重新长出树皮，所以再隔8－9年，又可以剥一次树皮。剥了长，长了剥，栓皮栎寿命长达300年，可以多次剥皮。经过多次剥皮，新生树皮的质量反而更有长进。内中生长150年到170年的栓皮栎进入壮年期，生命力最为

剥下的栓皮栎的树皮

软木塞

旺盛，可以剥取厚度达7厘米的树皮。生长170年到200年的栓皮栎则老当益壮，所长出来的树皮无缝无孔，质量最为上乘。

葡萄牙到处是栓皮栎。最初葡萄牙人砍伐栓皮栎，看中的是坚硬的树干，用来制作家具或者建造房子。另外，采摘栓皮栎的球形果实，用来酿酒或者作为饲料。那时候，栓皮栎的树皮被扔进壁炉，当成冬日取暖的燃料。终于有人注意到栓皮栎的树皮与众不同，软软的，富有弹性，可以用来制作葡萄酒的瓶塞。葡萄牙盛产葡萄酒，正需要这样既紧密又无异味的软木塞。就这样，栓皮栎的树皮终于不再"弃之如敝屣"，有了第一项工业用途，虽说只是制作小小的软木塞而已。

葡萄牙人发现，那些露天堆积的、原本准备当柴烧的栓皮栎树皮，如果放在水中煮一下，弹性会更好。于是他们开始对栓皮栎树皮进行加工：先是露天堆放半年，任凭日晒，任凭风吹雨打，然后在沸水槽中蒸煮，再在室内堆放三周，就可以得到性能优良的软木。

软木不光富有弹性，而且具有一系列不可多得的性能：不透气、不透水、不传热、不导电，而且不腐不蛀，无毒无味，吸音、防潮、耐磨、防火（阻烟自熄），还能耐压、耐酸。

软木的优异品质使其顿时身价百倍。于是软木不再只是做塞子，就像钢铁不只是做大头针。软木已成为各行各业的宠儿，充分展示了自己的才华，从高跟鞋、杯垫到潜水艇、宇宙飞船都可以找到软木的影子。其中，建筑业成了软木的大主顾：

录音棚、剧院，用软木作为隔音材料，效果甚好；软木墙壁的保温性能是砖混结构的20倍；软木地板是卫生间最理想的地板，既防滑又防水；此外，软木还特别耐磨，一家图书馆的阅览室在1932年铺了软木地板，最初是为了使读者能够静心读书，因为鞋子踩在软木地板上杳无声响。没有想到那么多双鞋子在这软木地板来来回回，几十年了还是原样，软木充分显示了耐磨性能。

植物学家用显微镜揭示了软木的秘密：软木看上去像蜂窝，由无数细小的六棱柱体的木栓细胞组成。每1立方米的软木之中，有4000万个木栓细胞。细胞腔内有大量空气，占了单位体积的70%，而细胞之间以树脂填缝，所以这些空气被固定在软木之内。正因为软木中有这么多空气，所以软木轻盈，质量体积比重仅为0.24。软木富有弹性，能够隔音绝热，全出自那体内充满空气的"蜂窝"。

自从葡萄牙人慧眼识软木，那一眼望不尽的栓皮栎，也就成为葡萄牙对外贸易的宝贝，并由此获得了"软木王国"的"封号"。

"葡萄之国"

小时候听说葡萄牙，以为那里必定是一个盛产葡萄的地方。长大之后方知中文"葡萄牙"是从英文名字Portugal音译而来，与葡萄无关。

其实，葡萄牙的葡萄牙文为Portuguesa，音译应为波图格萨。

中国明朝时称葡萄牙为"佛朗机"，不知出自何典。清朝时则称之为"葡国"。

葡萄牙的拉丁文为Portus Cale，原意是"温暖的港口"。葡萄牙西拥大西洋，南濒地中海，称之为"温暖的港口"恰如其分。

虽说葡萄牙这名字与葡萄无关，但到了葡萄牙，得知葡萄牙真的盛产葡萄——"葡萄之国"！

据统计，葡萄牙有葡萄园36万公顷，平均每五个农业劳动力就有一人种植。全国有18万人从事葡萄酒生产，年产葡萄酒10~15亿升，远销世界120多个国家和地区，是世界上第4大产酒国。所以，称葡萄牙为葡萄之国是当之无愧、名副其实的。

在葡萄牙，我看到的葡萄园与众不同，那里的葡萄园不见葡萄架，而是一棵棵葡萄树。

早在公元前600年，那里的人们（那时候还没有葡萄牙这个国家，只能以"那里的人们"代之）就已经开始栽种葡萄，并用葡萄酿造葡萄酒。到了公元前219年，罗马帝国的军队进入那里（同样只能以"那里"代之），开始大规模栽种葡萄，大量酿造葡萄酒。而且，装葡萄酒的瓶子往往外形很别致。

如今，葡萄牙拥有许多葡萄和葡萄酒品种。葡萄牙最著名的葡萄酒产地是波尔图。波尔图是葡萄牙第二大城，号称"酒市"，有十几家葡萄酒厂。波尔图生产的波特酒以味甘、浓、香、醇为特色。

据记载，在公元17世纪，大量的波特酒装船外运，"因为船舱的温度过高，很容易使葡萄酒变质，为了使外销的酒可以经过长时间的海运而不变质，于是水手(一说修道士)往葡萄酒中添加白兰地，使葡萄酒的发酵过程戛然中止，这样就形成了波尔图葡萄酒的独特风味。因为发酵不完全，保

葡萄牙盛产葡萄酒

留了葡萄原汁的芬香和甜美；后来发现，这样兑出来的酒，不但可以不变质，而且原来红酒中的涩味没有了，酒的口感也更加润滑、顺畅。流传至今的波特酒就是这样产生出来的。上好的波特酒可能要藏于橡木桶内十年、二十年、甚至三四十年时间来进行发酵。"

又据称，"葡萄牙人饮酒的方法是很讲究的，按葡萄牙的传统，饭前要饮用开胃葡萄酒，饭后要喝助消化葡萄酒，用餐过程中还根据菜肴配酒。吃肉时喝红葡萄酒，吃鱼时饮白葡萄酒，冷拼盘则配饮玫瑰香葡萄酒，吃点心时则配葡萄汽酒。这种传统的、严格的配酒方法，沿袭至今。"

有一种名叫"葡萄牙人"（Portugieser）的红葡萄品种在欧洲种植很普遍，尤其是奥地利和德国种了很多葡萄牙人葡萄，并制作葡萄酒。许多人顾名思义，以为葡萄牙人葡萄的原产地必定是葡萄牙。令人不解的是，据专家考证，这种葡萄牙人葡萄，居然跟葡萄牙无关！究竟这种葡萄为什么叫葡萄牙人葡萄，人们并不清楚。不过，这起码从一个侧面说明葡萄牙人栽种的葡萄名气很大，不然的话，怎么会把一种与葡萄牙无关的葡萄叫做葡萄牙人葡萄呢？

西班牙往日的辉煌

"毫无感觉"进入西班牙

从葡萄牙进入西班牙，可以用"毫无感觉"四个字来形容：作为两国边境，高速公路之侧只有一块像普通路牌一样标明西班牙的牌子。没有边境检查站，不见边警，汽车呼啸而过。同样，从西班牙进入葡萄牙也是如此。我想，这就是"欧洲一体化"的形象写照。尽管葡萄牙、西班牙都是主权国家，尽管有明确的边境线，但是彼此往来就像在中国从一个省来到另一个省一样方便。

不过，进入西班牙，我的手机倒是有"感觉"。手机上的时间，自动进行调整：西班牙时间比葡萄牙时间快1小时。

正值深秋，西班牙的枫叶红了，栎树的叶子黄了，而橄榄树的叶子依然一片浓绿。山间，布满这红、黄、绿三种色彩，倒是显得格外好看。白墙红瓦房子，星罗棋布于向阳的山坡之上。西班牙多山，北有东西绵亘的

西班牙多山多隧道

坎塔布里亚山脉和比利牛斯山脉，南有内华达山。

我看到秋收之后的田野，是刚刚被拖拉机深翻的红土壤。在一大片、一大片的铁锈红色的土地上，堆放着金黄色的麦秆垛。西班牙的平原很少而且狭窄，比较宽广的只有东北部的埃布罗河谷地和西南部的安达卢西亚平原。

跟葡萄牙相比，西班牙要大得多。

西班牙的总面积505 925平方公里，而葡萄牙的国土面积不足10万平方公里——92 391平方公里。西班牙的总人口为4 700万，而葡萄牙的总人口只有1 000万。不论是总面积还是总人口，西班牙差不多都是葡萄牙的5倍。

西班牙的西面以及西南面是大西洋，东面、东南面是地中海，海岸线长达7 800公里，而葡萄牙的海岸线只有832公里，相当于葡萄牙的9倍多。

西班牙相对葡萄牙是大国了。在欧洲，西班牙也是数得着的国家，就国力而言，在德国、法国、英国、意大利之后，排名第5。

跟葡萄牙一样，西班牙到处是天主教堂。西班牙96%的人是天主教徒。

葡萄牙只有一个邻国，即西班牙。西班牙则有好几个邻国，除了西邻葡萄牙之外，北有法国及安道尔，南隔直布罗陀海峡与非洲的摩洛哥相望。

葡萄牙的城市人口不多，只有18万人口的卡斯卡伊斯便算是葡萄牙的第三大城了；而西班牙的城市规模要比葡萄牙大得多，首都马德里的人口为452万，而巴塞罗那的人口则为160万。

进入西班牙之后，路牌、商店招牌、商品广告上写的都是西班牙文，耳边响起的也都是西班牙语，对于不懂葡萄牙文、西班牙文的我，看上去和听上去没有太大的差别。

葡萄牙人与西班牙人属于不同的种族，但在我这个"老外"看来却差不多。

国旗的不同倒是明显的。葡萄牙的国旗是纵向红绿相间，中间是葡萄牙国徽；西班牙的国旗却是横向红黄相间，中间是西班牙国徽。红黄两色属于暖色调，据称是表达西班牙人民对于祖国的热爱之情。西班牙国徽盾形，内中的图案颇多，表达各种不同的含义。令我印象深刻的是，西班牙国徽红色饰带上面写着"海外还有大陆"，这句话点出了西班牙跟葡萄牙一样，都曾经是显赫一时的殖民帝国。至今，西班牙的领土除了本土之外，还包括地中海中的巴利阿里群岛，大西洋的加那利群岛及非洲的休达和梅利利亚。

西班牙的国歌，与众不同。世界上许许多多国家的国歌都有歌词，而西班牙的国歌却只有乐曲，没有歌词！也就是说，西班牙的国歌只能用乐器演奏，无法用嘴巴演唱。

西班牙的国歌叫做《皇家进行曲》，是1770年9月3日国王卡洛斯三世采用的西班牙格拉纳达军队进行曲，只有曲子，没有歌词。这首《皇家进行曲》一直沿用至今，在2007年，西班牙曾经进行全国性征集国歌歌词活动，虽然有许多人应征，曾经选用了其中的一份应征作品，无奈得不到民众的广泛认可，所以西班牙国歌依然只有曲子，没有歌词。

站在山巅的黑色公牛

从葡萄牙的埃维拉一路向东，经过伊什特雷莫什、维索萨、埃尔瓦什，便进入西班牙的边境城市巴达霍斯了。

跟葡萄牙一样，在西班牙的高速公路两旁，只有蓝底白字的路牌，写着距某某地方多少公里。没有商业广告，也没有"××人民欢迎您"之类横跨于高速公路之上的标语牌。

自1994年，欧盟颁布法律，为了使司机能够集中精神驾车，避免被广告、标语分散注意力，除公益性广告外，禁止在高速公路周边150米内设立商业性广告。

不过，我发现西班牙与众不同，在高速公路旁偶尔也有广告。那是特殊的广告：我从车窗望出去，咦，在小山之巅，怎么站着一头无比壮硕

西班牙高速公路旁的黑牛

的黑色公牛！细细一看，那是公牛黑色的剪影。黑色公牛高达14米。从公牛脚底下露出的铁架可以看出，是把巨大的铁皮裁剪成公牛形象，固定在山顶的坚固铁架上，再刷上黑漆。一打听，方知这黑色公牛叫做奥斯本（Osborne）公牛，是西班牙奥斯本酒业集团的商标。在西班牙，黑色公牛是高速公路旁唯一的商业广告。据统计，这样的山顶上的黑色公牛广告，在西班牙总共有91处。

西班牙是欧盟成员国，奥斯本酒业集团怎么可以超越欧盟法律而"自说自话"呢？

这要从奥斯本酒业集团以及黑色公牛商标的历史说起。

奥斯本酒庄是以创始人托马斯•奥斯本•曼（Thomas Osborne Mann）的名字命名的。1772年，英国的小伙子托马斯•奥斯本闯荡西班牙。他在西班牙安达卢西亚自治区加的斯省落脚，在瓜达莱特河畔的圣玛丽亚港一家葡萄酒窖打工。老板的女儿爱上了这位帅哥。结婚之后，他成了老板的助手，进而成为老板。由于他经营有方，扩建了酒窖，并在18世纪创立了酒庄——奥斯本酒庄。

父传子，子传孙，奥斯本酒庄作为家族企业代代相传，生意越做越大。往日只在酒瓶上印着"Osborne"（奥斯本）字样，没有商标。到了1956年，奥斯本酒庄请画家马诺洛•普列托（Manolo Prieto）设计商标。马诺洛•普列托以为，商标必须简洁、鲜明，而斗牛乃西班牙之国粹，于是以黑色公牛剪影为商标。有人以为，公牛与葡萄酒毫不相干，作为商标不合适。马诺洛•普列托却说，公牛象征着剽悍有力，正是意味着上好葡萄酒的酒力。另外，公牛是西班牙的国家符号，外国人一看到这商标就知道是西班牙的酒。他还建议，在西班牙公路之侧竖立"巨大威猛的黑牛"广告，在黑牛身上写着白色"Osborne"字样。那黑牛最初只有几米高，后来越做越大，非常醒目。

自从采用黑色公牛商标，奥斯本酒庄声名鹊起，不断发展、壮大，由酒庄而公司而集团，跻身于西班牙葡萄酒业前列。

然而，1994年欧盟的禁令使高速公路旁的黑色公牛商标面临被拆除的危机。最初，奥斯本酒业集团决定遵令拆除，但是有众多的西班牙民众反对拆除，他们以为公牛是西班牙的国家符号，应该让黑牛站在高速公路旁的天际线上。还有人指出，矗立于山巅的黑牛，距离高速公路大都在150米之外，并没有违反欧盟法律。最终，西班牙法院以黑色公牛具有"美学与文化意义"为由同意保留，但是要求删去黑牛身上的"Osborne"字样，而且规定只保持原有的91处，不许再增加。

就这样，山顶上的黑牛广告得以保留。正因为这样，当汽车行进于高速公路上，我的照相机镜头得以"捕捉"到一头又一头黑色公牛。从西班牙归来之后，细细在电脑屏幕上欣赏这些照片，确实有着"美学与文化意义"。尤其是在逆光时黑牛剪影和山的剪影融为一体，尤其是在朝霞满天或者晚霞似火的时候，黑牛为光秃秃的山顶曲线增加了美感。

世界上有两个国家格外看重牛：

一是印度，把牛奉为"神牛"，他们纵容牛在马路中间慢吞吞"散步"，行人与车辆都为牛让路。印度的牛，常年居于"高人一等"的地位而显得趾高气扬。

二是西班牙，牛则"低人一等"，公牛是斗牛场上的牺牲品。在斗牛士面前，在面临死亡的威胁的时候，公牛竭尽全力反抗。西班牙人在高度赞扬斗牛士的强悍勇敢的同时，也高度称许公牛的拼搏精神。

正因为这样，在西班牙我看到印着公牛形象的T恤以及各种各样的工艺品。西班牙画家笔下的公牛，无一不是雄赳赳、气昂昂的。正因为这样，我特地买了两只红底黑色公牛杯带回上海，以纪念西班牙之行。

黑色公牛，西班牙之魂。倘若奥斯本酒业集团的商标是黑公鸡或者黑马什么的，肯定早就被政府从高速公路两侧清除。

"钻"进马德里地下

葡萄牙是长方形的国家，西班牙则近似正方形。处在这个正方形的对角线交叉点，也就是西班牙的中心位置，是首都马德里。

马德里是西班牙最大的城市。如果从葡萄牙的埃维拉向东北方向前进，花费一天时间就能到达马德里。

然而我却兜了一个大圈，连游5个名城，走遍大半个西班牙，才来到马德里：在进入西班牙之后，先是去西部的古城卡塞雷斯，再南下到西南的名城塞维利亚，转往南部山城龙达，前往南部地中海沿岸的重要城市格拉纳达，一路北上来到古城托莱多，最后到达马德里。

一路上，汽车盘旋于崇山峻岭之间。西班牙多山，以高原为主，被称为"欧洲的高原国家"。尤其是马德里，处于中部的梅塞塔高原。这个高

马德里的地面交通相当拥挤

原大约占西班牙全国面积的3/5，平均海拔600-800米。马德里海拔670米，是欧洲地势最高的首都。

马德里（西班牙文、英文均为Madrid）这名字的来历有好多种说法。其中最有趣的是，马德里的西班牙语原意是"妈妈，快跑"。据说，马德里原本只是原始森林中的一个小村子，那一带常有黑熊出没。一天，黑熊朝一个小男孩扑来，他情急生智，爬到树上并对不远处的妈妈大喊："妈妈，快跑！"（madre-id，madre-id）为了纪念这个聪明的小男孩，就用"妈妈，快跑！"命名这个小村子——马德里。

难怪，如今的马德里市徽便画着一棵树和一只黑熊。

也有人经过考证，查明马德里的古名叫"马格立特"（Magelit），原本是公元9年时建立在曼萨纳雷斯河上的一个堡垒，其名称的意思是"丰水之地"或者"源泉"。

马德里建筑

马德里地下隧道入口处

真是老天助我，连游5城的时候，跟在葡萄牙一样，秋高气爽，每日蓝天白云，偶尔阴天。正在庆幸之际，从托莱多到达马德里，已经是傍晚。一下子风云突变，"俄顷风定云墨色，秋天漠漠向昏黑"，大雨倾盆而下。就在这个时候，汽车进入隧道。一下子，风声雨声听不见了。这隧道真长，汽车足足开了27分钟！

马德里给我的第一印象，就是这长长的隧道。

我觉得奇怪，那里既没有山，也没有河，为什么要建造这样长长的隧道?后来，我在马德里进进出出，司机总是让汽车"钻"进地下，在隧道里行驶。

请教当地朋友后，我才明白：马德里比里斯本大得多，是拥有452万人口的大城市。马德里像摊大饼似的，越摊越大，以市中心太阳门广场为圆心，朝外扩张。现在马德里已经扩大到五环，分别用马德里英文开头字母M来命名，即M1、M2、M3、M4、M5。其中M1为市中心。马德里人多车多，堵车严重，成了"堵城"。为了解决交通阻塞，马德里市朝地下发展。马德里建造了很多条地铁，光是地铁站就有326个，形成四通八达的地铁网。可是地铁只能缓解一部分交通压力，不仅M1、M2堵车，甚至M3、M4也堵车，尤其是在上、下班高峰的时候。从2004年开始，马德里市政厅大手笔建造地下公路——也就是我见到的隧道。

上海解决交通拥堵的办法是朝空中发展，建造高架桥，即内环高架和南北高架、延安路高架，形成一个环路和南北、东西交叉的高架，大大缓解了拥堵。马德里解决交通拥堵的办法是朝地下发展，建造地下公路，形成地下公路网。内中，最重要的地下公路环线叫做M-30，相当于上海的内环高架。

两台世界最大的大型隧道挖掘机——直径为15.2米、重达4367吨，在马德里地下日夜掘进。经过3年的施工，马德里的地下公路网终于建成。M-30长达32.5公里。马德里的地下公路网全长为43公里。

我乘车来来往往于马德里的地下公路。他们建造了双筒隧道，把来回路线分开，每条隧道都是单向的。单向隧道有的三车道，甚至有六车道，行车通畅、快速。

据报道，马德里建成地下公路之后，"每年可节约440万小时的行车时间，每年节省燃油1 200万升，再加上地下路段排气过滤系统的安装减少了污染物的排放，每年排放到大气中的污染物可减少1 750吨，而居于地下路段附近的居民受到的噪声污染更是减少了75%。"

曼萨纳雷斯河是马德里的母亲河。原本曼萨纳雷斯河沿岸公路密布。

在地下公路建成之后，曼萨纳雷斯河的部分柏油公路改建为39个小型公园，使市中心绿意浓郁，这叫"沥青变花园"。曼萨纳雷斯河上原本只有5座桥，如今已经增至36座，全部是步行桥，成为马德里市民散步、休憩之所，受到市民的交口称赞。

不过，当地朋友告诉我，在马德里地下公路网刚建成的时候，他在隧道里开车像进入迷宫，虽然交叉口都有路标，但是他常常开错道，要兜一个大圈才转回来。熟悉之后，就觉得地下公路网非常便捷而又通畅。

像马德里这样大规模发展地下公路的城市在世界上并不多见。如今，马德里已经被称为"城市地下公路的全球典范"。

马德里给我的第一印象——地下公路，既新颖又深刻。

东方广场的故事

曼萨纳雷斯河在静静流淌。

对比之下，马德里大街却成了激越的"车河"，行人如过江之鲫。

马德里市区高楼的玻璃幕墙在阳光下熠熠生辉，闪耀着现代化的光芒。商务楼、百货大楼、商场、高星级酒店，比比皆是。繁华的马德里，充满活力。

更令我感兴趣的是马德里丰富的历史与文化的积甸。徜徉在马德里街头，隔三差五见到各种各样的雕像。马德里光是雕塑群就有100多个，至于雕像那就更多了。

马德里的这些雕塑群大都建造在广场之上。马德里的广场之多，也是惊人的，诸如太阳门广场、伊莎贝拉二世广场、马约尔广场、东方广场、阿尔梅利亚广场（又名兵器馆广场）、西班牙广场、大地女神广场……不同的雕像往往是这些不同广场的"点睛之笔"，体现广场的主题。

马德里还拥有36个古代艺术博物馆，100多个博物馆。

在马德里的古建筑之中，首屈一指的当推西班牙王宫。在马德里市中心，在曼萨纳雷斯河左岸的一座山岗上，矗立着气势宏伟的宫殿，那便是西班牙王宫。

走访西班牙王宫，要走过一系列广场：从马德里市中心的太阳门广

马德里东方广场上费利佩四世骑马铜像

场沿着阿雷纳尔街来到伊莎贝拉二世广场，那里附近是著名的皇家歌剧院——此处按照惯例译为"皇家"而非"王家"。通常参观西班牙王宫都是乘坐地铁或者公共汽车在皇家歌剧院站下车，那里离西班牙王宫只有咫尺之遥。从皇家歌剧院来到东方广场，抬头就看到了西班牙王宫。

东方广场因坐落在西班牙王宫的东侧而得名。

按照欧洲的惯例，东方广场的中心照例是圆形喷水池，喷水池中央照例是纪念碑，纪念碑上方照例是骑马将军的威武铜像。在纪念碑的底座，是4只威武的铜狮。

不过，这位骑马将军的铜像与众不同，那匹马的两只前蹄腾空，只有两只后蹄着地。通常战马的铜雕总是一只前蹄、一只后腿着地，使铜像稳稳站在那里。两只前蹄腾空的造型使铜雕富有动感，但是造成重心不稳，铜雕仿佛很容易"马失前蹄"，时时都可能从纪念碑上摔下来。

这是西班牙国王费利佩四世的雕像。费利佩四世父亲费利佩三世是一位平庸的国王，在位20多年无大作为，于1621年去世，由长子继位，称费利佩四世。费利佩四世生于1605年，活了60岁，统治西班牙四十多年。费利佩四世好色，嫔妃成群，情人无数，但是比起他的父亲，文韬武略都有所建树。

这座费利佩四世的骑马铜像是费利佩四世在位的时候请意大利雕塑家委拉斯凯兹设计的。费利佩四世给雕塑家委拉斯凯兹出了一道难题，要求他的铜像坐骑前蹄腾空。这么一来，不仅铜马连同费利佩四世铜像的全部重量都必须由坐骑的两条后腿支撑，而且重心前倾，很容易朝前摔倒。一旦费利佩四世骑马铜像从纪念碑上倒下来，雕塑家可承受不起，弄不好要掉脑袋！

为了解决这道难题，委拉斯凯兹向意大利著名物理学家伽利略（1564-1642年）请教。伽利略经过精细计算，帮助雕塑家解决了高耸的马头和后蹄的平衡难题。于是，雕塑家委拉斯凯兹在1640年完成了这一与众不同的铜雕。费利佩四世铜像成为世界上第一个用马后腿作为支撑的骑士雕像。

此后，仿效者其多，内中最著名的是俄罗斯圣彼得堡的彼得大帝青铜骑士雕像。这座铜雕位于涅瓦河南岸，彼得大帝骑着一匹骏马，那马昂首向前，扬起前蹄，高踞于花岗岩底座之上。在蓝天白云的衬托之下，青铜塑像显得非常雄壮。这座塑像是俄罗斯凯瑟琳女皇特聘法国著名雕塑家法尔科内创作的，从1766年至1782年花费16年时间才终于建成。由于彼得大帝的坐骑扬起前蹄，青铜塑像的全部沉重的重量都压在马的两条落地的后腿，雕塑家经过精确的计算，才使马终于以双腿稳稳地站在花岗岩之上。彼得大帝青铜骑士雕像已经成为俄罗斯圣彼得堡的象征。

东方广场上还安放了着西班牙不同时期的十几位国王的雕像，仿佛成了西班牙历史的缩影。

关于东方广场，还应提到的是跟拿破仑有关的故事。

拿破仑·波拿巴在1804年建立了法兰西第一帝国，自封为皇帝，不可一世。1808年，拿破仑率20万大军南侵西班牙，吞并西班牙。西班牙国王卡洛斯四世宣告"退位"。拿破仑在西班牙建立波拿巴王朝，封他的长兄约瑟夫·波拿巴为西班牙波拿巴王朝国王，称约瑟夫一世。

约瑟夫一世入主西班牙王宫后，常有西班牙人到王宫前抗议。约瑟夫一世下令扩建王宫东侧的东方广场，作为西班牙王宫的隔离带，拒西班牙民众于东方广场之外。

　　作为侵略者，约瑟夫一世只在西班牙当了5年的国王，在1813年12月11日被西班牙人推翻，结束了短暂的西班牙波拿巴王朝。

　　法西战争最后以法国拿破仑的失败而告终。

步入马德里王宫

　　广场连着广场。我走过东方广场，从一扇雕花的黑色铁门走向西班牙王宫，迎面又是一个广场，叫做阿尔梅利亚广场（plaza de la armería）。阿尔梅利亚是西班牙文armería的音译，原意是兵器，所以又译为兵器广场——那里有一个皇家兵器博物馆，收藏西班牙历代的兵器。

　　阿尔梅利亚广场是一个长方形的广场，铺着灰白两色地砖。广场的北侧，便是西班牙王宫，而东西两侧是长长的回廊，如同王宫的双臂拥抱着广场。在广场的南侧，则是阿尔穆德纳教堂——天主教马德里总教区的主

蓝天下的马德里王宫

蓝天下的马德里王宫

教座堂，与王宫遥遥相对。

西班牙王宫不是故宫，如今国王的重要国事活动，诸如国王宴请来访的外国国家元首、举行最高规格的官方活动、接受外国大使的国书等，仍在这座西班牙王宫里举行。

跟实行共和制的葡萄牙不同，西班牙是君主立宪制国家。西班牙国王虽然没有实权，却是国家元首。

西班牙的君主立宪制是从国王胡安·卡洛斯一世开始的。胡安·卡洛斯生于1938年，于1975年11月登基。1978年，西班牙举行全民公投之后实施新宪法，确立君主立宪制。

2014年6月2日，西班牙国王胡安·卡洛斯一世决定退位，把王位让给王储费利佩·胡安·巴布罗·阿方索。当时，数万西班牙民众走上马德里街头，要求废除君主立宪制，但是未能成功。2014年6月19日，费利佩举行登基典礼仪式，即位为西班牙国王费利佩六世。

马德里的西班牙王宫，常常被说成"西班牙皇宫"。西班牙只有国王，没有皇帝，所以应当称王宫，而不是皇宫。

论规模，西班牙王宫在欧洲排名第三，仅次于法国巴黎的凡尔赛宫和奥地利维也纳的美泉宫。

自从西班牙国王胡安·卡洛斯一世登基以来，王宫里除了小部分仍为王

西班牙参议院

马德里王宫前的东方广场

室使用，大部分对外开放，市民以及游客购票之后，可以入内参观。

不过，西班牙国王胡安·卡洛斯一世和王室并不居住在西班牙王宫，而是住在马德里郊外较小的萨尔苏埃拉宫。在举行重要国事活动的时候，国王才从郊外来到市中心的西班牙王宫。

国王从郊外进入市中心的西班牙王宫时，"派头"十足。有人曾经目睹这一幕：

> 开路的皇家仪仗队先锋骑兵头戴盔帽，身着礼服，手执长枪，骑着清一色的白马来了。接着，迎接贵宾的乌黑锃亮的小汽车缓缓驶入，车窗深黑，不知里面坐的是哪国宾客。随后，一队头戴殷红缨须盔帽、穿着鲜红缓带制服、架着鼓挎着号的仪仗队跟着走来，马蹄得得，铃声叮当，马头上缨穗饰物随风摆动。再后面就是流金淌银的皇家四轮马车，车身漆黑庄重，车上的饰物、灯盏、徽标呈金黄色，足显帝胄之尊。

走访西班牙王宫，不仅使我领略建筑之精美，而且了解了西班牙王朝的由来以及漫长的兴替史。

西班牙王宫内的大厅

　　西班牙王宫是正方形建筑物，每边长180米。准确地说，西班牙王宫是"回"字形的建筑物。王宫三层，总共2 700间房屋，是一座砖石结构的宏伟建筑。柱子、楼梯、地面，大都以白色大理石装饰。

　　尽管西班牙多山，拥有众多的森林，有的是又高又大的树干，但是西班牙王宫"拒绝"木材，这是从1734年那场刻骨铭心的火灾中汲取的沉痛教训……

　　时光倒流回公元9世纪，这里是曼萨莱斯河左岸的一座堡垒。那是伊斯兰托莱多国王下令修建的，以扼守曼萨莱斯河。公元11世纪时成为卡斯蒂利亚王国的军事要塞。1562年西班牙国王菲利普二世定都马德里之后，在这里兴建王宫阿尔卡萨城堡。1734年圣诞前夜，无情的大火吞噬了阿尔卡萨城堡。当时的西班牙国王菲利普五世（1700-1746年）和王妃依沙贝尔•德法尔内西奥目睹了这场大火，痛彻心扉。

　　菲利普五世决定在阿尔卡萨城堡废墟上重建一座新的宫殿。前车之鉴，后事之师。为了不再遭受火灾，菲利普五世下令宫殿主体结构全部用石头和砖建造，请意大利的建筑家谢瓦拉和萨凯提、萨巴蒂尼负责设计、施工。新的宫殿从1738年开工，花费26年的时间，到1764年才完工。这座宫殿就是西班牙王宫，在马德里屹立了三个世纪，成为西班牙历代君主的王宫。

　　走进西班牙王宫，游客要按照指定路线参观并由专门指定的工作人员讲解，且只准拍摄外观，不能在内厅拍摄，以保护那里珍贵的壁画、油画等艺术品。

　　西班牙王宫本身就是精雕细刻的艺术品，外观具有卢浮宫的建筑美，内部装潢则是意大利式的。走进宽敞的大厅，迎面就是大理石的大扶梯，两头雄狮石雕躺在扶手石栏杆上。到处可见大理石雕像和精美的油画。

　　我走进一个又一个客厅，风格各有千秋，展现西班牙王室的豪华生活画卷。内中有"廊间"的种种壁毯，"御座间"的巨大银镜，"瓷器房间"的形形色色瓷器中有许多来自中国，"黄金房间"中四壁是黄色绸缎，"大餐厅"则是国王宴请贵客的场所，长长的餐桌上摆放着造型别致的金银器皿，壁橱里美酒琳琅满目，在威尼斯枝型水晶大吊灯的照耀下，这里可以容纳145人同时用餐。

　　隔着阿尔梅利亚广场与西班牙王宫相对的是白色的阿尔穆德纳圣母主教堂。这座天主教堂在1879年动工，到1950年才完工。

　　2004年5月22日，西班牙王储费利佩就是在阿尔穆德纳大教堂举行婚礼，正式迎娶西班牙国家电视台前新闻主播莱蒂西亚·奥尔蒂斯，使这座教堂一度成为媒体的焦点。

西班牙王宫大厅顶部壁画

西班牙王宫内的石狮

第一英雄哥伦布

走出马德里西班牙王宫，过了阿尔梅利亚广场、东方广场，很快就来到附近的又一个广场。

跟方方正正的巨大的阿尔梅利亚广场、东方广场不同，这个广场在马德里市中心的钻石地段，即马德里的普拉多大道、卡斯蒂利亚大道与热那亚大街的交汇处，数不尽的汽车从广场旁边"流"过。

跟马德里种种广场一样的是，这个广场中央也是喷水池，而喷水池是椭圆形。喷水池中央同样矗立着纪念碑。圆柱形的纪念碑高达17米。纪念碑顶上站着的不是横刀立马的将军，而是一个气度不凡、留着长发的男子，左手指着前方，右手持一杆旗帜，插在他右脚旁的一个圆球之上。这个圆球，就是地球。从雕像到纪念碑圆柱到底座，全是雪白的大理石。

他是谁？

他不是西班牙国王。在东方广场一排西班牙国王雕像之中，没有他的雕像。

他甚至不是西班牙人！他是意大利热那亚人。

一个不是西班牙人的人，在西班牙的地位比国王还要崇高。他是西班牙人心目中的英雄。

他不仅在西班牙家喻户晓，而且在世界上的知名度超过任何一位西班牙的国王。

他就是著名航海家克里斯托弗•哥伦布（Christopher Columbus，1451-1506年）。

哥伦布的最大贡献，就是在1492年10月12日发现了新大陆。这一重大发现，改变了西班牙的历史进程，甚至成为西班牙历史的转折点。西班牙正是以哥伦布的这一重要发现为契机，走上殖民帝国的道路，与葡萄牙一起成为海上霸主。

1492年10月12日成为历史性的、里程碑式的日子。从1987年起，西班牙将10月12日定为西班牙国庆节！在这一天，西班牙举行隆重的庆典，国王检阅海、陆、空三军部队。

不光是西班牙高度重视10月12日这个日子。在美洲，美国、洪都拉斯、巴西、厄瓜多尔、委内瑞拉、智利、哥伦比亚、巴拉圭、哥斯达黎加、巴哈马等十几个国家把10月12日（或10月的第二个星期一）定为"美洲发现日"，又称"哥伦布日"。

马德里的哥伦布纪念碑最初建于1885年。从1973年起，马德里政府花费5年时间，重建哥伦布纪念碑，扩建了哥伦布广场。另外，在纪念碑的东侧，还新建了"大发现公园"，纪念哥伦布发现新大陆这一地理大发现。

然而，天公不作美，我前往哥伦布纪念碑参观的时候，下起了雨。这样，白色的哥伦布纪念碑"紧贴"在灰白色的天空上，没有明显的反差。所幸哥伦布纪念碑背后，有两座外墙为茶褐色玻璃幕墙的高楼，以楼为背景，倒是把白色的纪念碑，尤其是白色的哥伦布雕像，拍得清清楚楚。

后来我才知道，这两幢各为116米高、23层的双子星塔楼建于1976年，也是以哥伦布的名字命名的，叫做"哥伦布塔"。

所以，哥伦布纪念碑、哥伦布广场、大发现公园、哥伦布塔组合在一起，在马德里市中心形成庞大的"哥伦布纪念群"。西班牙任何一位国王的纪念碑或者纪念广场，难出其右。这也形象地表明了哥伦布在西班牙超越所有国王的尊贵的历史地位——西班牙第一英雄。

不光是在马德里有哥伦布"高大上"的纪念碑，后来当我来到西班牙第二大城、第一大港巴塞罗那时，看到了更加"高大上"的哥伦布纪念碑——高达60米！

不像那天在马德里遇雨，我在巴塞罗那时晴空万里，哥伦布纪念碑在蓝天映衬下格外壮丽。

巴塞罗那的哥伦布纪念碑建造在1 800米的主干道兰布拉大街的终点，港口区的起点，亦即市中心和海港连接处。

跟马德里的哥伦布纪念碑一身纯白不同，巴塞罗那的哥伦布纪念碑圆柱形的碑身是用赭红色大理石装饰。碑内装有电梯，到达顶部之后可以俯瞰巴塞罗那海港，可惜的是电梯每次只能乘坐2人，所以排队等候者甚多。

碑顶是哥伦布全身铸铁像，是世界上最大的哥伦布雕像。哥伦布左手持航海图，右手指向前方——指的方向，正是美洲。据称，这是用巴塞罗那蒙杰伊克山顶上蒙杰伊克城堡的铸铁大炮熔化后铸造而成。由于60米的碑身实在太高，我只能吃力地仰视，这才看清高高在上的哥伦布雕像的神态。

在纪念碑圆柱的中部，我看到镌刻着"BARCELONA COLON"字样。那是西班牙文，即"巴塞罗那，哥伦布"。在纪念碑的底座，有5个凌空飞舞的青铜女神和8只青铜黑狮护卫着纪念碑。

巴塞罗那的哥伦布纪念碑　　　巴塞罗那的哥伦布纪念碑底座的飞天女神

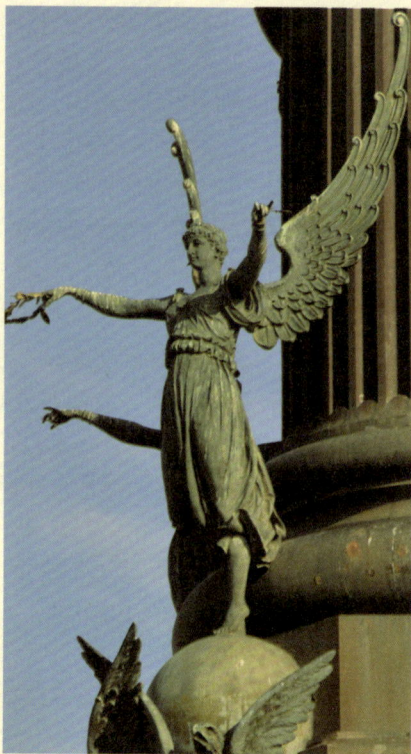

　　在纪念碑的底座，还有当时给予哥伦布大力支持的西班牙女王伊莎贝拉的白色大理石雕像——让哥伦布站在高处，让女王坐在底下，这也形象地表现出哥伦布高于西班牙国王的地位。

　　巴塞罗那为什么如此看重哥伦布？

　　这是因为哥伦布首次发现新大陆之后，就是率船队来到巴塞罗那，并在西班牙受到伊莎贝拉女王的接见。接见的地点就是在巴塞罗那的国王广场的王宫，亦即今日的巴塞罗那城市历史博物馆。

　　1886年，万国博览会在巴塞罗那举行，为了迎接这一盛会，巴塞罗那建造了这座哥伦布纪念碑。

　　还应提到的是，1992年巴塞罗那又一次成为世界目光的聚焦之处，因为第25届奥运会在巴塞罗那开幕，而这一年恰恰是哥伦布发现新大陆500周年的纪念。

　　从马德里、巴塞罗那的纪念碑，从西班牙的国庆日到第25届奥运会，都与哥伦布紧密相连，足见哥伦布这个意大利人对于西班牙的影响之大。

巴塞罗那的哥伦布纪念碑

女王慧眼识英才

哥伦布的荣耀，其实原本应当属于葡萄牙，而非西班牙。

在葡萄牙首都里斯本的亨利王子纪念碑上，也有哥伦布雕像，只是名列第四。哥伦布是意大利人，服务于西班牙，原本与葡萄牙无关。只是哥伦布的名声太大，而且哥伦布早年曾在亨利王子创办的萨格里斯航海制图学校中学习、深造，所以哥伦布算是亨利王子的弟子，也就在亨利王子纪念碑上占一席之地。

1451年秋，哥伦布出生于意大利热那亚一个工人家庭，原本与航海毫无关系。一本书打开了他的视野，那就是意大利人马可·波罗写的《马可·波罗游记》，使他对远方的印度、中国和日本非常向往。

他和弟弟来到葡萄牙里斯本，先是在码头打工，后来做水手。当时，葡萄牙正在朝着远洋航行发展。哥伦布进入萨格里斯航海制图学校学习，他大量阅读地理、历史、航海、天文方面的图书。他还跟弟弟一起开了一个专售地图、海图的商店。他在里斯本结婚、生子。

葡萄牙的航海热，把哥伦布也卷入其中。哥伦布重读《马可·波罗游记》，对于其中的几段描写，格外地感兴趣：

"那个岛（日本）的领主有一个巨大的宫殿，是用纯金盖的顶。宫殿所有的地面和许多大厅的地板都是用黄金铺设的。金板有如石板，厚达两指。窗子也是用黄金装饰的。"

书中写及中国的泉州港，称那里的来往客商之多，"超过全世界其余港口的总和"。"在这个港口卸下胡椒的船只，一年之中就达一百艘，运进其他香料者还不在内"。

在当时的欧洲，香料跟黄金一样贵重。

哥伦布期望扬帆远航，去印度、中国和日本寻找黄金和香料。为此，哥伦布凭借着他的种种航海知识，制订了远洋探险计划，到印度、中国和日本去。

大船、水手、物资这都不是哥伦布单枪匹马所能办到的。正因为这样，哥伦布明白，他必须向葡萄牙王室求助。只有得到葡萄牙国王的支

伊莎贝拉女王接见哥伦布的雕塑

持，他才能实现他的远洋探险计划。

　　1483年下半年，哥伦布第一次向葡萄牙政府呈交远洋探险计划。当时的葡萄牙国王是约翰二世（1455－1495年）。他在1481年刚刚登基，正雄心勃勃，要振兴葡萄牙。他继承约翰一世（1385－1433年在位）和亨利王子确立的向海洋发展的国策，积极发展远洋探险。

　　约翰二世收到哥伦布的远洋探险计划之后，便交给学术委员会审议。哥伦布在计划中称，从非洲西北海岸的加那利群岛到日本只有2 400海里，按照葡萄牙的航海能力完全能够到达"满地黄金"的日本。学术委员们以为，哥伦布的计算错误，从加那利群岛到日本远远不止2 400海里。

　　据此，葡萄牙国王没有接受哥伦布的远洋探险计划。

　　事实上，葡萄牙学术委员会的意见是正确的。在当时，哥伦布所依据的是《托勒密地理指南》，那幅世界地图以为，"地球表面七分之六是陆地，只有七分之一是海洋。欧洲和亚洲跨海就可以相通，根本没有美洲大陆的存在。"哥伦布据此计算，从非洲西北海岸的加那利群岛到日本只有2 400海里。

　　哥伦布没有灰心，继续修改、完善他的远洋探险计划，于1488年再度呈交葡萄牙政府。这一回，由于哥伦布在计划中提出一系列的附加条件，诸如找到印度之后，要任命他为总督、统帅，他有权瓜分所得的黄金等等，所以他的远洋探险计划再度遭到葡萄牙政府的拒绝。

就在这个时候，1488年12月，葡萄牙航海家迪亚士率远航船队回到里斯本，向葡萄牙国王约翰二世报告好消息：在非洲最南端发现"风暴角"，约翰二世为之改名好望角。

迪亚士以为，从葡萄牙向南航行，绕过好望角，再向东航行，便可以找到印度，而哥伦布在探险计划中却提出从葡萄牙向西航行寻找印度。

哥伦布觉得再留在葡萄牙无益更无趣，何况他的妻子又不幸在里斯本去世，他决定离开葡萄牙，向西班牙求助。

那个时候的西班牙，正处于四分五裂之中。西班牙尚未统一，分为四个王国：

卡斯提尔王国面积最大，位于今日西班牙中部；阿拉贡王国，位于今日西班牙东北部；格拉纳达王国，位于今日西班牙南部；纳瓦拉王国，位于今日西班牙北部。

而一对相爱的情侣，改变了西班牙分裂的命运：

在卡斯提尔王国的国王胡安二世去世之后，王太子恩里克继位，称亨利四世。同父异母的兄长亨利四世要把17岁的妹妹伊莎贝拉嫁给法国国王路易十一的兄弟居也纳公爵。伊莎贝拉是卡斯提尔王国的国王胡安二世的长女，很有主见。她派出心腹到法国摸底，得知居也纳公爵昏庸无能，于是拒绝了这门亲事。她在小时候便听母亲多次说起阿拉贡王国的斐迪南王子很不错。她派心腹到阿拉贡王国了解，得到了密报："斐迪南王子是一个出类拔萃的年轻人。他眉清目秀，风度翩翩，身材匀称，精神饱满，一眼望去就知道，他无论干什么事都能胜任。" 伊莎贝拉毫不犹豫就选择了他。斐迪南与伊莎贝拉同龄，久仰伊莎贝拉聪明美丽，当即托人送去一根祖传的金项链，表达爱意。

这时，兄长亨利四世又说要把妹妹伊莎贝拉嫁给葡萄牙国王阿方索五世。阿方索五世年长伊莎贝拉19岁，已经是一个胖胖的中年人。伊莎贝拉不愿意，借口跟葡萄牙国王阿方索五世有血缘关系，加以婉拒。

有情人终成眷属。1469年10月，斐迪南王子化装成挑夫，来到卡斯提尔王国巴里阿多里德，在胡安·比维罗宫跟伊莎贝拉举行了婚礼，亨利四世闻讯气得暴跳如雷，也无可奈何，毕竟生米已成熟饭。

历史似乎特别眷顾伊莎贝拉和斐迪南：

1474年12月12日，亨利四世去世，23岁的伊莎贝拉加冕成为卡斯提尔王国的国王。

1479年1月19日，阿拉贡国王去世，王子斐迪南登上了王位。

西班牙女王伊莎贝拉（资料）   西班牙"双王"（资料）

　　这样，伊莎贝拉和斐迪南双双成为国王，于是卡斯提尔王国便与阿拉贡王国合并成为一个国家。夫妇俩联手，征讨格拉纳达王国和纳瓦拉王国，决意统一西班牙。

　　哥伦布带着7岁的儿子来到西班牙，得知马德里圣玛丽亚修道院教士胡安·佩雷斯跟王室关系密切。他向教士佩雷斯介绍自己的远航探险计划，并请他把这一计划交给女王伊莎贝拉。

　　女王伊莎贝拉正忙于统一战争，顾不上过问哥伦布的计划，便把这一计划交给专门的审查委员会审查。在审查时，一位委员问哥伦布："即使如你所说，地球是圆的，向西航行可以到达东方，回到出发港，那么有一段航行必然是从地球下面向上爬坡，帆船怎么能爬上来呢？"哥伦布竟然一时不知该怎么答复这样突兀的问题。于是他的远航探险计划被搁置。

　　哥伦布无奈，只得去英国以及威尼斯兜售他的计划，却被怀疑为江湖骗子。

　　哥伦布最后还是回到西班牙，因为他早就听说，伊莎贝拉女王是一位目光敏锐、敢于决断的君主，而斐迪南国王也是英明之君，只是全力以赴指挥战斗，无暇旁顾，所以决定在西班牙等待战争结束，再当面求助于两位国王。

　　1492年1月2日，伊莎贝拉和斐迪南胜利攻下阿拉伯人统治的格拉纳达王国，终于统一西班牙江山——四个王国终于成为一个西班牙。

　　迄今，西班牙的国徽中，还用图案表明西班牙是由四个王国统一而成的含义：

　　右上角为白底上头戴王冠的红狮，象征中部的卡斯提尔王国；

左下角的黄、红相间的竖条，象征东北部的阿拉贡王国；

右下角为红底上金色链网，象征位于北部的纳瓦拉王国；

底部是白底上绿叶红石榴，象征南部的格拉纳达王国。

伊莎贝拉和斐迪南终成统一大业，成为西班牙历史上的一代明君。

在西班牙王室的财政顾问、大商人桑塔赫尔的帮助下，哥伦布的远航探险计划被递交给伊莎贝拉女王。大约是女王当时仍然很忙，没有细看哥伦布的计划，给予否定。

如同一盆凉水从头浇下，苦苦等了多年的哥伦布垂头丧气，收拾行李，带着儿子前往法国，打算求助于法国。

哥伦布离开格拉纳达，已经走到10英里外的松木桥村。这时，忽然听见身后有急骤的马蹄声。原来是伊莎贝拉女王派出的特使，急召哥伦布回格拉纳达。

那是因为伊莎贝拉女王细看了哥伦布的远航探险计划，决定给予支持。伊莎贝拉女王以为，在完成西班牙的统一大业之后，面临的首要任务就是振兴西班牙。哥伦布的远航探险计划将使西班牙有机会向海外发展，有助于振兴西班牙。

哥伦布喜出望外，回到格拉纳达，觐见伊莎贝拉女王。

所以，如果说哥伦布是天才，那么伊莎贝拉女王就是伯乐。

历尽艰辛发现"印度"

伊莎贝拉女王派出代表，在格拉纳达附近的圣塔菲与哥伦布进行谈判。伊莎贝拉女王本人也三次接见哥伦布，倾听他的陈述以及他的探险计划。

经过3个月的谈判，经过伊莎贝拉和斐迪南两位国王——西班牙"双王"的批准，西班牙王室与哥伦布在1492年4月17日达成以下5条协议：

1. 双王陛下任命克里斯托弗·哥伦布为"通过勤奋劳动行将发现或获得的"一切海岛和陆地的统帅。

2. 任命克里斯托弗·哥伦布为发现或获得土地上的副王和总督。

3. 在这些地区获得的黄金、白银、珍珠和宝石、香料及其他商品，他都可以征收和保留十分之一，并且一概免税。

哥伦布登陆美洲（资料）

伊莎贝拉女王（资料）

哥伦布的亲笔信（1502年）（资料）

4.任何涉及这些商品或产品的案件，都由他或他的代理人以统帅身份进行裁决。

5.对驶往这些新属地的船只，哥伦布可以收取其利润的八分之一。

另外，西班牙"双王"还给哥伦布颁发委任状，发给护照，并签署致外国君主的国书，让哥伦布在远洋探险中呈送外国君主。

西班牙王室筹集了200万马拉维迪（当时西班牙的货币）的资金，作为哥伦布远洋探险的资金。

西班牙双王任命哥伦布为远洋探险舰队司令、探险队总指挥。哥伦布有职、有权、有钱，终于开始实行他梦寐以求的远洋探险计划。哥伦布的船队总共3艘船，即载重120吨的旗舰圣玛丽亚号，另外有两艘载重60吨的平塔号和尼尼雅号，均为三桅直角帆帆船。船员总共87人，除了水手，还包括医生、翻译以及地图绘制员。

1492年8月3日，哥伦布带领着3艘帆

船，满怀对印度、中国、日本的憧憬，满怀对黄金、珠宝、香料的追求，从西班牙西南部的巴罗斯港出发，开始了历史性的远航。

巴罗斯港即塞维利亚港的古称。塞维利亚是一座古城。塞维利亚港是一个内河港口，有瓜达尔基维尔河直通120公里外的大西洋的加的斯湾。哥伦布的船队就是从巴罗斯港（塞维利亚港）沿瓜达尔基维尔河航行，进入大西洋。

前面已经提及，在4年前——1488年，葡萄牙的船队在迪亚士的率领下，是从葡萄牙里斯本港向南，沿着非洲的西海岸一直向南，到达非洲最南端好望角。迪亚士指出，如果从好望角向东航行，就可以到达印度。虽然当时他从好望角返回葡萄牙，并未到达印度。此后，在1497年7月8日，葡萄牙船队在达•伽马率领下出发，沿着迪亚士指出的路线，绕过好望角，穿过印度洋，于1498年5月20日终于首次到达印度。

哥伦布却不走迪亚士指出的路线。那时候，地球是一个圆球的"地圆说"已经被很多人接受，哥伦布也以为地球是圆的。由于地球是圆的，哥伦布坚信《托勒密地理指南》那幅世界地图，认为从西班牙、葡萄牙往西航行，横渡大西洋，同样能够到达印度，而且比迪亚士的绕过非洲好望角到达印度的路线要近。

正因为这样，哥伦布在他的航海日志中写道：

> 两位陛下（指西班牙"双王"）决定派我——克里斯托弗•哥伦布前往印度，以熟悉它的国土、人民和君王，了解他们的风俗习惯并带回如何能使他们皈依我们神圣宗教的经验，但不走通常的东行陆路，而走向西的海路，这条路，据我们所知，迄今尚无人走过。

哥伦布所说"不走通常的东行陆路"，其实也包括迪亚士指出的东行海路。

木帆船只能靠风行驶，速度很慢。哥伦布的船队在大西洋上航行了两个多月，依然是水天两茫茫。漫长而又单调的海上生活，使得很多船员感到厌烦。回家的情绪日益炽烈。船员们怀疑哥伦布的西行路线，因为如果西行比东行要近的话，怎么两个月过去了，还没有到达印度？船员们纷纷要求"打道回衙"。哥伦布只能千方百计抚慰船员们，依然坚持西行。哥伦布坚信，在横渡大西洋之后，前方就是印度。

10月11日，海面上陆续漂来一秆芦苇，一些藤茎，一棵小树，一根被砍削过的木棍，一块加工过的木板，这给哥伦布和船员们极大的鼓舞，表明前方可能就是陆地。

夜里10点多，哥伦布发现前面有隐隐的火光，极为兴奋。

10月12日凌晨2时半，平塔号的值班员在月光下，看见前方有白色的悬崖。

12日拂晓，一大片黑色的陆地出现在前方，整个船队沸腾了！屈指算来，他们在海上航行了两个月零九天。

眼前是一座长约13英里、最宽处约6英里的珊瑚岛——中美洲加勒比海巴哈马群岛中的一个岛。

哥伦布穿起了西班牙"双王"所赐的总督服装，一手握着十字架，一手持西班牙王室的旗帜，率船员登岛，见到当地的土著印第安人——讲阿拉瓦克语的泰诺人。哥伦布以占领者的姿态，把西班牙王室的旗帜插在这片新发现的土地上，并当着船员、印第安人的面，宣布以天主教西班牙君主的名义占领这座岛。当地印第安人称这座岛为瓜纳哈尼岛，哥伦布命名为圣萨尔瓦多岛，意思是"神圣的救世主"。

这一天，是里程碑式的日子。从此1492年10月12日被载入史册。

哥伦布宣布，他终于"发现印度"——哥伦布受《托勒密地理指南》那幅世界地图的误导，始终认为前方的陆地是印度。在那幅地图上，欧洲往西越过大西洋，就是亚洲。当时并不知道中间还有新大陆——美洲。尽管哥伦布发现了美洲，但是他至死仍认为他发现的是印度！

哥伦布率船队继续在"印度群岛"一带航行，一次次宣布占领这个岛，占领这片土地。他甚至还到了所谓的"日本"。

哥伦布在1492年11月1日的航海日志上写道："这里就是大陆，刺桐和杭州就在我前面一百里格的地方。"

"里格"，即葡萄牙文"légua"，葡制1里格等于6 000米；用于航海中计程则1里格等于5 557米，100里格即555.7公里。

刺桐，就是中国的泉州。

他以为，"这里就是大陆"，指的就是中国！

遗憾的是，哥伦布在"印度"、"日本"和"中国"始终没有发现《马可•波罗游记》里所描述的"黄金屋"，也没有找到珠宝和香料。

不管怎么说，发现了"印度"，还发现了"日本"，已经是天大的功勋。

在船员之中，仍有人坚信那里有黄金、珠宝和香料。有39个船员愿意留在那里，寻找宝藏。

哥伦布把10名印第安人押上船，开始返航。

哥伦布在即将到达欧洲大陆时，遭遇风暴。1493年3月4日，哥伦布不得不把船开进葡萄牙的里斯本港。这时候的哥伦布因为成功，显得傲慢。葡萄牙国王约翰二世并不计较，而是接见了哥伦布，细细倾听哥伦布关于发现"印度"的得意洋洋、滔滔不绝的报告。约翰二世虽然有些懊悔当年没有支持哥伦布的远洋探险计划，但是哥伦布的成功，鼓舞着约翰二世走远洋探险之路。

1493年3月15日，哥伦布返回西班牙西南部的巴罗斯港（塞维利亚港），在瓜达尔基维尔河码头受到英雄般的热烈欢迎。从船上下来10名浑身红棕色、打扮奇异的印第安人，巴罗斯港民众都惊呆了，第一次见到了"印度人"的模样。

当时，西班牙"双王"伊莎贝拉和斐迪南在西班牙东北的巴塞罗那。哥伦布在塞维利亚稍事休整，率领船队从巴罗斯港出发，穿过直布罗陀海峡，驶入地中海。船队沿西班牙东海岸往北，驶向巴塞罗那港。

这是哥伦布的凯旋之旅，当船队出现在巴塞罗那港，巴塞罗那全城沸腾了。

在巴塞罗那国王广场的王宫，哥伦布拜见了西班牙女王伊莎贝拉。女王热情接待了哥伦布，表彰他不辱使命，历尽艰辛发现了"印度"，作出了历史性贡献。

终于查明新大陆

哥伦布发现"印度"，令西班牙"双王"振奋，令西班牙全国上下振奋。从此，西班牙开始频频派出远洋船队，把一面面西班牙国旗插向被发现的土地，急剧向海外扩张领土，走上了殖民帝国之路。从这个意义上讲，哥伦布改变了西班牙的历史。

伊莎贝拉女王指示哥伦布再赴"印度"，到"亚洲"，以求在那里建立永久性的殖民统治。这一回，哥伦布所率的船队规模甚大，总共有17艘大型木帆船、1500人。

伊莎贝拉女王践诺，封哥伦布为海军上将、"印度群岛"总督。

哥伦布于1493年9月25日率船队浩浩荡荡从巴罗斯港出发，前往"印度"。1496年6月11日哥伦布回到西班牙。

此后，1498年5月30日哥伦布奉命第三次率船队赴"印度"。哥伦布是能干的航海家，却是外行的"印度群岛"总督。由于遭人举报不轨，于

哥伦布发现新大陆（资料）

1500年10月被国王派去的使者逮捕后，押送回西班牙。毕竟他是西班牙的大功臣，回国之后获释。

在1502年5月11日，哥伦布奉命第四次率船队赴"印度"，于1504年11月7日返回西班牙。

哥伦布于1506年5月20日在西班牙巴利亚多利德去世，终年55岁。

哥伦布至死仍以为他所发现的是"印度"，是"亚洲"。

意大利学者阿美利哥·维斯普西（Amerigo Vespucci，1454—1512年）也是航海家，他曾经三度前往哥伦布所说的"亚洲"。经过详细的考证，他否定了哥伦布的观点。阿美利哥绘制了关于新大陆的地图。

1507年，德国地理学家马丁·瓦尔德塞弥勒在出版的《世界地理概论》中，把这片新大陆用阿美利哥·维斯普西的拉丁文名字命名为"阿美利加洲"。阿美利哥·维斯普西姓名的拉丁文为Americus Vespucius。由于其他的洲都用拉丁文女性化的名字，所以Americus也就被改为America。

从此，那个新大陆就被称为America——阿美利加洲，即美洲。

美国——美利坚合众国（United States of America），也沿用了America（阿美利加）这个名字。

哥伦布的错误，终于被纠正过来。

哥伦布发现了新大陆，但是他没有想到，由于他自己的错误，失去了以他的名字命名这个新大陆的机会。要不然，美洲将叫做哥伦布洲，而美国也将叫做"哥国"了。

哥伦布一次次远洋探险，带动了西班牙的远航热、探险热、发现热、殖民热。除了哥伦布之外，一支又一支用枪炮武装起来的西班牙船队扬帆出海，为西班牙开疆拓土，也为自己寻金探宝。

哥伦布的成功，深深刺激了西班牙的邻国——葡萄牙。在哥伦布首航成功归来，因风暴而路过里斯本时，葡萄牙国王约翰二世从哥伦布不无得意的讲述之中，细细打听关于"印度"的种种诱人情景。

在哥伦布面前，葡萄牙国王约翰二世不动声色。其实，早在哥伦布发现"印度"之前5年——1487年，约翰二世就派出特殊人物佩罗·德·科维利亚从陆路探访真正的印度。科维利亚精明能干，用今日的话来说，他就是葡萄牙特工。他装扮成阿拉伯商人，从陆路穿过土耳其，到印度"做生意"。科维利亚在印度"漫游"期间，摸清了真实情况，知道印度是一块"肥肉"，回到葡萄牙向约翰二世作了详细汇报。此后，约翰二世又从迪亚士那里得知，从非洲好望角往东，从海路可以到达印度。

虽说哥伦布抢先一步到达"印度"，但是葡萄牙国王约翰二世也雄心勃勃。他坚信科维利亚从陆路的探索和迪亚士从海路的探索是正确的，从葡萄牙向东一定可以找到印度。约翰二世积极准备派遣船队从海路向东寻找印度。

当时，西班牙正值"双王"执政，"双王"眼光敏锐而且头脑灵活，而葡萄牙国王约翰二世也聪明过人，而且富有野心。这样，伊比利亚半岛上的这两个国家，展开了远洋探险竞争，展开了争夺海外殖民地的竞争。

虽然葡萄牙比西班牙小，但是葡萄牙国王约翰二世的野心很大。他除了在争夺海外殖民地之中要跟西班牙平分秋色，甚至还暗中制订了吞并西班牙的计划。

葡萄牙怎么能吞并西班牙呢？约翰二世把宝押在儿子身上。西班牙"双王"的长女，名字跟她的母亲一样也叫伊莎贝拉。约翰二世计划让儿子迎娶伊莎贝拉公主，通过两国联姻，统一葡萄牙与西班牙，而他的儿子势必是统一后的国家的国王，也就实现了葡萄牙兼并西班牙的梦想。真可谓兵不血刃，轻而易举地就"吃掉"西班牙。

聪明反被聪明误。不幸的是，约翰二世的儿子在1491年的一次狩猎中催马追猎，不小心从马上摔下，当场身亡。儿子的猝死，给了约翰二世沉重的打击，不仅使约翰二世的兼并西班牙的"铁算盘"全盘落空，而且失去了他的王位继承人。

约翰二世打算立自己的私生子为王储，无奈名不正，言不顺。大臣们力主以约翰二世的堂弟贝雅公爵曼努埃尔为接班人，而约翰二世不喜欢此人。从此约翰二世处于极度郁闷之中，身体状况一天不如一天。

瓜分世界的 "教皇子午线"

当我从马德里前往巴塞罗那的时候，忽然看到一道弯月形的水泥拱梁横架于高速公路之上。

最初我以为是一座人行天桥，但是细细一看，上面既没有台阶，也没有栏杆。

那是什么呢？我请教了司机，方知那是马德里子午线的标志。更准确地说，是西班牙子午线的纪念碑。

子午线，也就是地球的经线。

在大航海时代，要绘制各种各样的海图，需要标明航线、岛屿、城市的经纬度。船舶在航行中，也要不时测定自己所在位置的经纬度。

纬度好办，以赤道为0°，以北极为北纬90°，以南极为南纬90°。这样的划分，世界各国都能接受。

经线却不好办。以哪里作为0°呢？这条0°经线，叫做"本初子午线"。那时候，世界各国都以自己国家作为经线的起点，争着0°经线在自己国家开始，以自己为中心。

西班牙曾经主张以通过马德里的子午线作为起点，作为"本初子午线"。从马德里到巴塞罗那高速公路子午线纪念碑，就是马德里的子午线所在的位置。

葡萄牙呢，要求以通过里斯本的经线作为0°，作为"本初子午线"。

西班牙与葡萄牙争着要作全球经线的起点，因为在公元16、17世纪这两个国家是世界海洋霸主、殖民帝国。

到了公元19世纪，英国取代了西班牙、葡萄牙，成为世界海洋霸主、殖民帝国。英国要求作全球经线的起点。1871年在荷兰安特卫普召开的第一届国际地理会议作出决定：各国海图要统一采用通过英国伦敦格林尼治的子午线为0°经线。1884年10月1日在美国华盛顿召开的国际经度学术会议上，正式确定以通过英国伦敦格林尼治天文台埃里子午仪中心所在的子

子午线（从马德里到巴塞罗那的高速公路上）

午线作为0°经线，作为全球的本初子午线。

本初子午线的确定，从一个侧面反映了世界海洋霸主从西班牙、葡萄牙转为英国。

西班牙与葡萄牙不仅曾经就子午线的起点进行激烈的争论，而且还曾经为划分势力范围而你争我斗。哥伦布发现"印度"，加剧了西班牙与葡萄牙的这场争斗。

就在哥伦布发现"印度"之后的翌年——1493年，西班牙与葡萄牙就如何瓜分世界进行讨论。双方讨论的焦点在于确定一根子午线，把地球纵剖为两半，西班牙与葡萄牙各得一半。

又过了一年——1494年6月7日，在西班牙卡斯蒂利亚的托尔德西里亚斯小镇，西班牙的代表与葡萄牙的代表在仲裁人罗马教皇亚历山大六世的协调之下，终于签订了一份瓜分世界的条约，叫做《托尔德西里亚斯条约》。条约规定，以佛得角群岛以西100里格（约为550公里，今西经46°37'）的地方，从北极到南极划一条子午线，作为两国的势力分界线：分界线以西归西班牙，以东归葡萄牙。

西班牙与葡萄牙两国分别于这年的7月2日和9月5日批准了《托尔德西里亚斯条约》。

西班牙与葡萄牙"瓜分"世界要罗马教皇仲裁，是因为罗马天主教教皇在当时具有崇高的地位：第一，天主教国家有权占领异教徒的国土；第二，罗马教皇有权决定尚未被天主教统治者所占领的土地的主权归属。

正因为这样，罗马教皇称"皇"，而西班牙、葡萄牙国王称"王"，而"皇"高于"王"。因此，这条分割线，被尊为"教皇子午线"。

就这样，伊比利亚半岛上的两个目空一切的小国（或者说西班牙是一个中等国家），在罗马教皇的主持之下，居然把地球"瓜分"了，真是好大的口气！

所谓"瓜分"，就是像切瓜一样分割或分配。西班牙与葡萄牙"瓜分"世界的那把刀，就是"教皇子午线"。

西班牙之所以要"教皇子午线"以西的半个地球，是因为哥伦布发现的"印度"在西半球；葡萄牙之所以要"教皇子午线"以东的半个地球，是因为葡萄牙的注意力聚焦于那里的非洲以及打算向东进军亚洲。

就这样，两个"小朋友"居然用"教皇子午线"把地球这个大西瓜切成对半，各"吃"一半！这在今日几乎是不可想象的事儿，而在1494年确确实实发生了，而且郑重其事签订了条约。

就在《托尔德西里亚斯条约》签订的翌年，雄心勃勃的葡萄牙国王约翰二世病故。继任的葡萄牙国王依然推行约翰一世、亨利王子、约翰二世所制订的强化远洋航海、进行海外扩张的国策。

此后，西班牙与葡萄牙双雄并列，形成统治世界的两个巨大的殖民帝国，双方的势力范围大体上是按照那条"教皇子午线"分割的。

在100年后的1529年，西班牙与葡萄牙又签订了《萨拉戈萨条约》，对《托尔德西里亚斯条约》作了若干修订。

"日不落帝国" 的旭日与夕阳

以哥伦布发现新大陆为起点，西班牙殖民帝国开始崛起。公元16世纪至17世纪，是西班牙殖民帝国的黄金年代。

按照"教皇子午线"，美洲属于西班牙的势力范围，所以西班牙的殖民重点在美洲。

我在2014年曾经从美国佛罗里达州出发，游历加勒比海诸岛。我非常惊讶地发现，那里很多地方曾经是西班牙的殖民地，那里的民众至今仍讲西班牙语。加勒比海的古巴、海地、波多黎各、圣基茨、多米尼加，就连美国的佛罗里达，都曾经是西班牙的殖民地。

对于西班牙来说，三次远征南美洲的胜利，是"重量级"的：

第一次是西班牙荷南•科尔蒂斯率远征军在1519年至1521年征服了南美洲大国墨西哥，使西班牙殖民帝国版图猛然扩大；

第二次是西班牙卡波特在1527年率"考察队"在阿根廷建立第一个西班牙殖民据点。1536年2月，西班牙远征军在门多萨率领下，攻下阿根廷首都布宜诺斯艾利斯，把阿根廷收入西班牙殖民帝国版图；

第三次是西班牙佛朗西斯科•皮萨罗率远征军在1531年至1533年征服了南美洲大国秘鲁，再度使西班牙殖民帝国版图迅速扩大。

此外，美洲的洪都拉斯、玻利维亚、哥伦比亚、哥斯达黎加、多米尼加、厄瓜多尔、萨尔瓦多、危地马拉、尼加拉瓜、巴拿马、巴拉圭、乌拉圭、委内瑞拉、伯里兹，也都被收入西班牙囊中。

西班牙的手伸得很长，甚至突破"教皇子午线"，殖民地遍及世界。西班牙把亚洲的菲律宾，大洋洲的关岛、密克罗尼西亚、帕劳、北马里亚纳群岛，非洲的摩洛哥、几内亚和撒哈拉，都插上西班牙王国国旗。西班牙甚至入侵中国台湾。

西班牙跟葡萄牙一样，都成为"日不落帝国"。

一艘艘大型帆船从殖民地向西班牙运来无数财宝。2015年12月5日，哥伦比亚总统胡安•曼努埃尔•桑托斯宣布，搜寻人员在哥伦比亚沿海发现了一艘300多年前被英军击沉、满载宝藏的西班牙帆船，叫做"圣何塞"。这艘帆船是西班牙国王菲利普五世舰队中的一艘商船，1708年在加勒比海域被英军击沉。船上所载从美洲殖民地搜刮来的金银珠宝，价值至少20亿美元。桑托斯称，"这是人类历史上发现的价值连城的宝藏"。

"圣何塞"号仅仅是西班牙远洋船队中的一艘而已。那些没有沉没的西班牙商船，不知给西班牙运回多少宝贝。

西班牙从殖民地攫取大量金钱，成为极其富裕的国家，奢靡之风日盛，而衰败的危机也日益逼近。

西班牙的危机，来自三个方面：

一是殖民国家之间的相互倾轧。法国、荷兰、英国的崛起，取西班牙而代之。

1585年至1604年，英国打败西班牙的无敌船队，从此西班牙失去海上霸主地位。

1648年，西班牙跟邻国法国作战，败北。

1808年至1814年，法国拿破仑入侵西班牙。虽然西班牙最终赶走了拿破仑，但是西班牙本身也深受创伤。

英西战争、法西战争，消耗了西班牙的国力。跟葡萄牙的不和，使西

西班牙无敌舰队（资料）

班牙腹背受敌。到了公元18世纪，西班牙从超级强国下降为法国的附庸。

接着，又发生美西战争。美国崛起后，开始觊觎老牌殖民王国西班牙手中的殖民地。1898年2月15日，美国借口派往古巴护侨的军舰"缅因号"在哈瓦那港爆炸，于4月25日对西班牙开战。已经建立起强大海军的美国获胜。1898年12月10日，美国与西班牙在法国巴黎签订了《巴黎和约》，从西班牙手中获取了古巴、波多黎各、关岛和菲律宾群岛。

二是西班牙王公贵族争权夺利，陷入内乱，使西班牙国力下降。

最为典型的是1700年11月1日西班牙国王查理二世去世，没有子嗣承继王位。究竟谁来继承王位?围绕由谁继承王位的问题，爆发了激烈的争斗。

按照亲属关系，既可以由哈布斯堡王朝的人继承，也可以由波旁王朝的人继承。

西班牙国王查理二世是法国波旁王朝国王路易十四的内弟，所以查理二世留下遗嘱要把王位传给路易十四的一个孙子安茹·菲利普。

法国路易十四为此兴高采烈，借助西班牙内部的亲法势力，把安茹·菲利普推上西班牙王位，称菲利普五世。

但是奥地利、英国、荷兰不高兴了，他们纠集西班牙内部的反法势力，反对菲利普五世。

于是内乱连着外斗，西班牙内部不同势力，各自联合不同的外国势力，使得西班牙分崩离析。法国与奥地利、英国、荷兰围绕西班牙的王位

西班牙往日的辉煌

竟然爆发战争。

直到1713年，这场王位继承风波才平息下来，但是把西班牙折腾得江河日下。

三是西班牙统治下的殖民地纷纷要求独立，开展独立战争，使西班牙后院起火，顾前顾不了后。尤其是19世纪初以来，南美洲许多国家纷纷挣脱西班牙的锁链，高举独立大旗，高喊："独立万岁！绞死西班牙殖民强盗！"

西班牙殖民帝国的版图迅速缩水：

1804年海地独立；

1811年巴拉圭、委内瑞拉独立；

1816年阿根廷独立；

1818年智利独立；

1819年哥伦比亚独立；

1821年秘鲁独立；

1822年墨西哥、危地马拉、萨尔瓦多、尼加拉瓜、洪都拉斯和哥斯达黎加独立；

1825年玻利维亚、乌拉圭独立；

1838年厄瓜多尔独立；

……

三重危机，使西班牙这个"日不落帝国"最终成了气息奄奄的夕阳。

如葡萄牙殖民帝国的命运一样，西班牙殖民帝国终于解体、崩溃，日薄西山。

西班牙从不可一世的海上霸主回归原位，成为当今欧洲的二流国家。

西班牙殖民帝国虽然一去不复返，但是西班牙还有"余威"，西班牙语仍在世界上拥有广泛的影响。

如今，西班牙语是世界上被广泛使用的语言之一，据统计有超过3亿5千万的人在使用西班牙语，共有22个国家以西班牙语为官方语言。讲西班牙语的人，仅次于汉语、英语、俄语，居世界第四位，多于葡萄牙语。

在21世纪使用西班牙语作为官方语言的国家有：阿根廷、玻利维亚、智利、哥伦比亚、哥斯达黎加、古巴、多米尼加共和国、厄瓜多尔、萨尔瓦多、赤道几内亚、危地马拉、洪都拉斯、墨西哥、尼加拉瓜、巴拿马、巴拉圭、秘鲁、西班牙、乌拉圭和委内瑞拉。西班牙语也在美国、伯利兹、直布罗陀、菲律宾、特立尼达和多巴哥以及西撒哈拉被使用。

纵观世界历史，大致上可以理出这样的发展脉络：

16、17世纪，是西班牙、葡萄牙的世纪；

18、19世纪，是英国的世纪。

正因为这样，走访西班牙、葡萄牙，对于了解世界历史进程是极其重要的。

为西班牙、葡萄牙开启殖民帝国大门的，是一大批杰出的航海家，其中最重要的代表性的领军人物，正是哥伦布。

正因为这样，在西班牙最为高大、最为壮观的是马德里的哥伦布纪念碑和巴塞罗那的哥伦布纪念碑。透过这两座宏伟的纪念碑，我看到了西班牙曾经走过的道路，看到了西班牙殖民帝国的旭日，也看到了西班牙殖民帝国夕阳的余晖。

巴塞罗那风光

巴塞罗那老城伯爵拉蒙贝伦格尔三世铜像

"地中海明珠"

我走遍西班牙的东南西北中。如果问我，最喜欢哪里?我会不假思索地回答：巴塞罗那!

马德里是西班牙第一大城，巴塞罗那是西班牙第二大城。

马德里是首都，有点严肃，俨然像一位庄重的官员，而巴塞罗那则无拘无束，如同风姿优雅的少女。

马德里是高原之城，巴塞罗那是海港之城。

如果说马德里是西班牙的北京，那么巴塞罗那就是西班牙的上海。

巴塞罗那坐拥碧蓝的地中海，三面是起伏的丘陵。尤其是巴塞罗那东北角的第比达博峰，海拔512米，可以鸟瞰全城。市区还有小丘卡梅尔(海拔267米)、普特赛特(海拔181米)、洛维拉(海拔281米)。巴塞罗那西南的蒙特胡克悬崖，海拔173米，从山顶可以俯瞰整个巴塞罗那港。

椰子树下的巴塞罗那有山有海有沙滩，常年阳光灿烂，被誉为"欧洲之花"、"地中海明珠"。"花"与"明珠"，多么动人的形象化的赞美词，都戴在巴塞罗那的头上。

巴塞罗那距马德里621公里。每天往返于这两座城市之间的客机，如同公共汽车一样频繁。

从马德里也可以乘坐高铁前往巴塞罗那。我在西班牙第一次见到高铁的时候很惊讶：西班牙怎么也有高铁？其实，我是少见多怪了！西班牙早在1992年4月，巴塞罗那奥运会前夕就开通了马德里至西班牙南部塞维利亚的高速铁路，是世界上最早拥有高铁的国家之一。西班牙高铁，用的是法国技术，通常的时速为每小时300公里。从马德里到巴塞罗那，乘坐高铁只要两个多小时。

我是乘汽车从马德里到巴塞罗那，7小时车程。高速公路两侧，群山起伏，处于瓜达拉玛山脉地段，充分显示了西班牙的多山地貌。山间的圣栎树树叶黄了，而橄榄树依旧墨绿，间或可以看到白蜡树和柳树。最吸引眼球的，是高速公路两侧的山头，偶尔见到铁皮做的"黑色公牛"雄起起地站在那里。

汽车沿着一条宽敞的大街驶入巴塞罗那。这条大街的名字很特别，我听说一遍就牢牢记住了——对角线大道。

对角线大道宽50米，长达11公里，是巴塞罗那最壮观的主干道。据说，这条大道曾经数易其名，最后"对角线大道"这名字受到绝大多数市民的赞同，因为这条大道从东到西像一条对角线贯穿巴塞罗那市区，把巴塞罗那切割为两部分。对角线大道当中有5公里是巴塞罗那名品鞋包、精品服饰、珠宝首饰商店云集之处，成为游客购物的必去之处。

巴塞罗那有着老城与新城。对角线大道准确地说是巴塞罗那新城主干道。巴塞罗那老城保存完好。老城的中心叫做哥特区，因为那里修建了诸多哥特式建筑。我走进巴塞罗那老城，走进哥特区，那里的街道狭窄、拥挤、老旧，跟对角线大道形成鲜明的对比。

巴塞罗那有着悠久的历史，这历史写在那座饱经沧桑的老城上。漫步老城之中，我仿佛穿越历史，来到远逝的年代。

据称，公元前6世纪，非洲的腓尼基人渡过地中海，来到这里定居，于是出现了一个个村落。

在公元前3世纪，北非的迦太基人来到这里，形成一个小镇。他们以迦太基人首领哈米尔卡·巴卡（Hamilca Barca）的姓氏命名小镇，叫做巴卡。后来巴卡这名字演变为巴西诺（Barcino），又最终演变为巴塞罗那。

到了公元前15年，罗马人在这里一座名叫达贝尔山的小山丘上建立了一座兵营，修筑了城墙，那就是巴塞罗那最早的老城。我在老城里见到方形的罗马城墙遗迹，那石砌的城墙厚而结实，经历2000多个春秋依然屹立。

后来，到了公元8世纪时，来自非洲的摩尔人把巴塞罗那建成了港口。

对于巴塞罗那，公元11世纪的一件大事是成为阿拉贡王国的首都。于是大规模建设老城，巴塞罗那开始像模像样。

我从巴塞罗那主干道兰布拉大街向东，进入老城哥特区。我穿过一条小巷，迎面就是一座有着细细尖顶的哥特式天主教堂，即巴塞罗那大教堂。由于高迪设计的圣家族大教堂名气很大，很多人把圣家族大教堂跟老城的巴塞罗那大教堂混为一谈。其实，就"级别"而言，巴塞罗那大教堂高于圣家族大教堂。巴塞罗那大教堂是巴塞罗那天主教教区的主教堂（又称主座教堂），这个教区里重要的天主教活动都是在主教堂里举行。

巴塞罗那大教堂的"年纪"远比圣家族大教堂大。这座哥特式大教堂兴建于公元13世纪，直至公元15世纪才完全竣工，共花费了150年的时间。巴塞罗那大教堂高高的尖顶，成为老城区的地标。

在巴塞罗那老城，虽然街道狭仄，房屋老旧，但是却有三个广场。

我来到第一个广场，广场正中是一座骑马将军的青铜雕像。我注意到，那匹马虽然也是两蹄落地，但是是左前蹄和右后蹄，这样重心很稳，不像马德里东方广场西班牙国王费利佩四世的雕像那样马的两前蹄腾空——当然也就没有费利佩四世的雕像显得威武。

那是伯爵拉蒙·贝伦格尔三世（1082－1131年）的铜像。当时，巴塞罗那的最高统治者是伯爵。伯爵拉蒙·贝伦格尔三世骁勇善战，曾立下不朽战功，所以为他矗立纪念铜像。那个广场，也就叫做拉蒙·贝伦格尔三世广场。不过，这个广场只有雕像，没有喷泉。

在拉蒙·贝伦格尔三世广场西侧，是巴塞罗那老城第二个广场——长方形的国王广场。

所谓国王广场，是因为广场四周石砌的巍峨的大王宫是阿拉贡王国国王的王宫（此前是巴塞罗那伯爵的府邸）。当年阿拉贡王国重要国事活动，就在这个国王广场举行。

国王广场上的罗马式王宫叫做大王宫。大王宫最为人津津乐道的，是当年哥伦布首次发现"印度"（新大陆）归来，觐见伊莎贝拉女王就在大王宫。衣锦还乡、春风满面的哥伦布如何眉飞色舞向伊莎贝拉女王报告，而女王又如何笑逐颜开地倾听，都已经成为历史的泡影渐渐远逝，而坚固厚实的大王宫依在，如今成为巴塞罗那历史博物馆。讲解员站在大王宫的大台阶上讲述着哥伦布快步迈上台阶，而女王破例站在台阶上方"出廊相迎"，仿佛讲解员当年目击这历史性的一幕……

在国王广场之侧，还有一座建于14世纪初的八角塔。那里是俯瞰巴塞

巴塞罗那老城商铺

我在巴塞罗那很多公寓的阳台上看见悬挂"一星旗"

罗那老城的制高点，也是阿拉贡王国大王宫瞭望哨的所在。

在巴塞罗那老城，我来到第三个广场，也是长方形的。那里的一幢三层上了年纪的石砌大楼外墙装饰着诸多雕像，顶上飘扬着西班牙国旗。那是巴塞罗那市政厅，亦即市政府。所以那个广场就叫市政厅广场，又称圣诺梅广场。

历史学家认定，圣诺梅广场是巴塞罗那真正的发源地。公元前15年，当罗马人来到这里，选定了达贝尔山的山坡建城，按照罗马人的习惯，选在山坡上画出一块长方形的地方作为未来的城区，再在长方形的地块上画出一个十字线。这十字线的交叉点，就是市中心，也就是圣诺梅广场，而十字线就是老城纵横主干道德古玛努斯街和卡尔多街。此后，又以圣诺梅广场为起点，向四周呈辐射状建设了好多条街道。这样，圣诺梅广场真正成为巴塞罗那老城的中心，所以巴塞罗那市政厅也就设在这里——直至今日，巴塞罗那市政厅仍在那里，仍在那幢中世纪的三层大楼里。

在圣诺梅广场，在巴塞罗那市政厅大楼对面，还有一幢中世纪的四层大楼，好几个窗口挂着我没有见过的旗帜，蓝底白星红黄条，有点像美国国旗，但是那白星只有一颗，很大，人称"一星旗"。

那幢大楼，是加泰罗尼亚自治区政府大楼。

120

巴塞罗那是西班牙加泰罗尼亚自治区的首府，所以加泰罗尼亚自治区政府设在巴塞罗那。

在历史上，加泰罗尼亚是阿拉贡王国中的一个公国。加泰罗尼亚公国的国民主要是加泰罗尼亚族，有着自己的加泰罗尼亚语与文字。

15世纪中期，阿拉贡王国斐迪南王子与卡斯提尔王国伊莎贝拉公主结婚，此后将阿拉贡王国与卡斯提尔王国合并，并且统一了西班牙。这样，加泰罗尼亚公国也随阿拉贡王国成为西班牙的一部分。

不过，加泰罗尼亚公国一直保持相对的独立性，在这个以加泰罗尼亚语而不是西班牙语为第一语言的地方，自主意识相当强烈。西班牙为此设立了加泰罗尼亚自治区。加泰罗尼亚自治区包括4个省，即巴塞罗那省、赫罗纳省、莱里达省和塔拉戈纳省。巴塞罗那是加泰罗尼亚自治区的首府所在地，所以加泰罗尼亚自治区政府与巴塞罗那市政厅都设在圣诺梅广场，并且加泰罗尼亚自治区议会、高等法院也设在那里。另外，巴塞罗那市还是巴塞罗那省的省会。

加泰罗尼亚的许多人不想成为西班牙的一个自治区，而是要求独立。那面"一星旗"，就是加泰罗尼亚那些人设计的独立之旗。后来我看见在巴塞罗那很多公寓的阳台上悬挂着"一星旗"。

2014年，苏格兰要求脱离英国而独立，曾举行全民公投。受此鼓舞，加泰罗尼亚人也要求在2014年11月27日举行加泰罗尼亚独立全民公投。在西班牙中央政府坚决反对之下，加泰罗尼亚的独立公投未能如愿举行。苏格兰虽然举行了全民公投，但是独立派以失败告终。

我走出巴塞罗那老城哥特区，走向巴塞罗那新城，如同沿着时光隧道从中世纪穿越到现代。

三度华丽转身

巴塞罗那对角线大道如同北京宽阔的长安街，跟巴塞罗那老城的小街窄巷、旧房老屋形成鲜明的对比。

巴塞罗那对角线大道这条对角线，是西班牙城市规划师伊尔德方索·塞尔达（1815-1876年）在1859年巴塞罗那城市规划图上画出来的。

塞尔达出生于巴塞罗那周边小镇的富庶家庭，在1841年成为建筑工程师之后，一直致力于巴塞罗那的城市建设。塞尔达在1861年出版的《城市化概论》一书中首次提出"城市化"概念而声名鹊起。

塞尔达的对角线，是画在巴塞罗那新城的规划图上。

塞尔达怎么会成为巴塞罗那新城的设计师的呢？

"双王"斐迪南与伊莎贝拉在1492年统一西班牙，定都马德里。巴塞罗那失去了首都的地位，从政治中心向航运中心转换，着重发展海运，成为西班牙最重要的港口。

到了1832年，巴塞罗那建起了蒸汽机纺织工厂，走上工业化的道路，成为西班牙工业重镇。高高的烟囱，"呼哧呼哧"的蒸汽机，大量工人涌入，老城的人口密度达到每平方公里7万人，简直要把巴塞罗那老城的城墙撑破了。拥挤不堪的老城内，采光、通风极差，卫生条件也极差。老城街道狭窄、曲折、坡度大，也不适合于工业的发展。巴塞罗那长大的孩子仍穿小时候的衣服，受不了啦，已经到了非做宽大的新衣服不可的时候了。

这时的西班牙王国的君主是伊莎贝拉二世女王，得知巴塞罗那老城的落后、拥挤，在1854年发布诏令，另建巴塞罗那新城。

巴塞罗那老城城外，是一大片空地，是建设巴塞罗那新城的好地方。1855年，塞尔达被任命为巴塞罗那新城的规划设计师。

进入巴塞罗那对角线大街

巴塞罗那新城鸟瞰图（塞尔达设计了400个格子化的小区，资料）

巴塞罗那到处用雕像装饰城市

　　塞尔达在巴塞罗那进行了细致的调查。他认为，拆除巴塞罗那老城的城墙已经势在必行。城外的一大片土地，正是建设巴塞罗那新城的好地方。

　　他对于巴塞罗那新城（他称之为"扩建区"）的设计，不仅考虑当时巴塞罗那的情况，而且考虑到巴塞罗那大发展，人口成倍增加之后的经济、卫生、交通的情况。也就是说，塞尔达的目光看得很远。经过4年的反复修改，他在1859年制订了巴塞罗那城市设计规划。

　　塞尔达在巴塞罗那老城之外的"扩建区"设计了400个格子化的街区，这些街区是正方形的，边长113米，四角以45度切去，使正方形变成八边形，成为组成巴塞罗那新城的"细胞"。街区的四角之所以被切去，是为了给居民以活动的空间，给树木以种植的地方。

塞尔达将小街区组成4个大街区，内中配备公园、医院、学校、商场、市民中心等设施。

塞尔达把巴塞罗那新城的街道分为宽度为20、40以及60米三种。他把对角线大道设计成斜穿巴塞罗那新城的又宽又长的主干道，便于与大大小小的街道相连。

葡萄牙里斯本新城是在1755年11月1日大地震之后统一设计的，巴塞罗那新城则是在老城不堪重负的情况下进行扩建而统一设计的。巴塞罗那新城规划出自名家塞尔达，使巴塞罗那新城变为一座井然有序、布局合理的城市。巴塞罗那政府宣称，他们至今在建设巴塞罗那时，仍严格遵循塞尔达当年的规划。

正因为巴塞罗那新城是按照著名城市规划师塞尔达精心设计的规划逐步建设起来的，所以这座城市显得有规有矩，整齐而富有秩序。

在巴塞罗那花大气力建设新城的时候，迎来3次极其难得的腾飞机会：

第一次是在1888年，巴塞罗那荣幸地成为万国博览会（后来改称世界博览会，简称世博会）的举办地；

第二次是在1929年，巴塞罗那再次成为万国博览会的举办地；

第三次是在1992年，巴塞罗那市成为第25届奥运会的举办地。

这三次世界性盛会的举办，使巴塞罗那新建了一大批大型建筑物，面目一新。

这三次世界性的盛会也大大提高了巴塞罗那在全世界的知名度，使巴塞罗那的美丽景色广为人知。巴塞罗那如同一位身材婀娜、韵味十足的漂亮模特，在世界的T型台上三度光鲜亮相。"欧洲之花"、"地中海明珠"的花冠，就在这时候戴到巴塞罗那头上。

也就在这三次盛会的推动之下，巴塞罗那悄然进行"变轨"，从工业城市转化为以旅游、服务业为支柱的城市。

尤其是1992年巴塞罗那奥运会之后，在1993年巴塞罗那首度进入全球游客最喜爱目的地的前三位。此后10年内，巴塞罗那的游客数量增长了5倍。

换言之，巴塞罗那本身，也经历了三度华丽转身：

最初的巴塞罗那是军事要塞；

在蒸汽机工业革命推动之下，成为工业基地；

在三次腾飞推动之下，转换为旅游城市。

当然，在巴塞罗那三次蜕变之中，始终不变的是它依旧是西班牙最大的海港。

如今在巴塞罗那码头，可以同时停泊9艘十几万吨的游轮。飞机、高铁、长途汽车，高频率光临巴塞罗那。来自世界各国的游客潮水般涌向巴塞罗那。每年来巴塞罗那的游客超过1 000万。穿着五颜六色服装、操着各种不同语言的游客，使历经沧桑的巴塞罗那充满了青春活力。

1999年，英国皇家建筑师协会把金奖颁给巴塞罗那，以肯定城市规划在建设城市中所起到的典范作用。须知，这不是颁给某一幢建筑，而是颁给一座城市。这在历史上是第一次。可惜巴塞罗那的城市规划师塞尔达早已经在地下安眠，无法亲自赴英国伦敦领奖。

一点也不错，巴塞罗那给我的印象是花，是明珠。

怪才高迪的"奇葩"建筑

建筑是凝固了的交响乐。

巴塞罗那有幸，两位建筑名师给这座城市留下不可多得的交响乐：

塞尔达从宏观上设计了巴塞罗那。他是巴塞罗那建筑交响乐队的总指挥；

高迪则从微观上设计了巴塞罗那。他是巴塞罗那建筑交响乐队的第一提琴手。

高迪（资料）

高迪设计的巴塞罗那古埃尔公园中的房屋如同童话世界

高迪设计的巴塞罗那米拉之家

　　高迪稍晚于塞尔达，在塞尔达为巴塞罗那制订城市规划的时候，高迪刚出生不久。

　　一座座房屋，是组成城市的细胞。高迪专心致志于设计　幢幢房屋、　座座公寓。

　　对于高迪的最崇高评价是在1984年，联合国教科文组织把高迪在巴塞罗那设计的7件建筑作品列入世界文化遗产目录。在世界建筑设计师之中，能够得到如此评价的，高迪是唯一的，无人能出其右。巴塞罗那因此被称为"高迪城"。

　　此外，高迪设计的17幢建筑被西班牙列为国家级文物。

　　对于高迪来说，巴塞罗那就是他的一切，他生于斯，死于斯，他的绝大部分设计的房屋，也在于斯。

　　高迪，人称"鬼才、奇才、怪才、天才"。我第一次领略高迪建筑魅力，是在巴塞罗那的格拉西亚大道（Passeig de

圣家族大教堂雕像

巴塞罗那圣家族大教堂

巴塞罗那格拉西亚大道喷泉

巴塞罗那格拉西亚大道

Gràcia）上。

对角线大道与子午线大道交汇处的加泰罗尼亚广场，是巴塞罗那新城（即扩建区）的中心。从加泰罗尼亚广场往北走，便是格拉西亚大道（又叫感恩大道）。

格拉西亚大道相当于北京的西单、上海的淮海路，是巴塞罗那非常繁华的商业街，名品店、饭店、咖啡馆、酒吧云集，是游客购物的喜好之处。

我漫步在格拉西亚大道，见到街道两侧有许多百年精美建筑与现代建筑，商品橱窗琳琅满目。走着走着，来到一家劳力士手表专卖店，玻璃门紧闭。我推门进去之后，便进入一个电梯大小的玄关。待后面的门关紧，前面的门才打开。我只是随意看看而已，三个光头、穿黑色西装的警卫用冷峻的目光紧盯着我。一位西装笔挺的服务员朝我走来，她却很热情，向我介绍一款款劳力士手表，并强调这里比马德里、法国都便宜得多，因为巴塞罗那退税率高。我看毕，向她道谢。出去的时候，进入玄关，同样也是后面的门关紧之后，前面的门才打开。采取这样特殊的玄关，是为了防止贵重的商品遭到抢劫——因为巴塞罗那虽然安全，但是毕竟游客众多，难免有劫贼混在游客之中。

除了劳力士手表专卖店采取严格的防窃措施之外，格拉西亚大道上其他商场都敞开大门，迎接游客。

高迪设计的巴特罗之家（又称巴特罗公寓）就坐落在格拉西亚大道这条充满浪漫气息的大街。

在格拉西亚大道上寻找巴特罗之家不用问，哪座楼前聚着一堆人，那

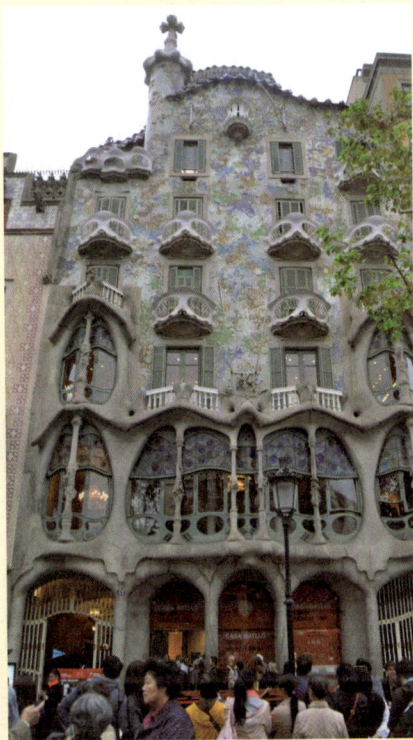
高迪设计的巴特罗之家

一对新人在楼前拍婚纱照

里就是巴特罗之家。

当我来到巴特罗之家的时候，正巧遇到一对新人在楼前拍婚纱照。这对年轻人选择高迪的杰作作为背景，大有古典与现代相结合的韵味。

巴特罗之家三开间，六层，建于1905年至1907年间。这样的楼房在格拉西亚大道上比比皆是，为什么巴特罗之家那样吸引众多的眼球？

我在巴特罗之家前仰首细细瞻望，整幢大楼没有通常建筑的横平竖直的笔直线条，只有波浪起伏的曲线。外墙面贴满迷幻般的五颜六色的马赛克。

高迪设计巴特罗之家的灵感来自神话《圣乔治屠龙》：在公元3世纪，一条毒龙霸占了水源，要求国王献出公主才允许百姓取水灌溉农田。古罗马军队骑士圣乔治身穿盔甲，骑着白马，用利剑杀死了毒龙，救出了公主，而毒龙的血流在地面上形成一个巨大的十字，成为了后来的圣乔治旗……

据称，巴特罗之家拱起的屋顶象征毒龙的脊背，外墙上的彩色马赛克

高迪设计的巴塞罗那米拉之家

是毒龙的鳞片，柱子是被毒龙吃剩的一根根骨头，阳台则是圣乔治戴的面具，而高高在上的十字形的烟囱当然就是圣乔治旗的化身。

在巴特罗之家内，所有的柱、窗、门都没有直线，没有棱角。高迪说，巴特罗之家"看起来像是一座天堂的房子"。

巴特罗之家充分体现了高迪的建筑设计理念：

"直线属于人类，曲线属于上帝。"

"直线是人为的，曲线才是自然的。"

在巴特罗之家斜对面，在格拉西亚大道与普罗班萨街的交叉口也聚集着一大堆游客。

这幢通体泛黄、位于转角上的七层楼房，比巴特罗之家大，叫做米拉之家，也是高迪的代表作。

米拉之家比巴特罗之家晚几年，建于1906-1910年。

米拉，即佩雷·米拉，是当年巴塞罗那的大富翁。他和妻子参观了巴特罗之家以后，赞赏至极，便请高迪为自己设计一座公寓——也就是米拉之家。

我横穿格拉西亚大道，来到米拉之家。

米拉之家的墙面波浪起伏，整幢大楼看上去如同地中海的波涛，又像巴塞罗那附近起伏的群峰。

米拉之家的阳台安装了用黑色的精致图案装饰的锻铁护栏，而高处的烟囱、水塔奇形怪状，人们称之"有的像披上全副盔甲的军士，有的像神话中的怪兽，有的像教堂的大钟"。

米拉之家从外到里，同样没有一根直线，而是充满奇奇怪怪的曲线。高迪往往从大自然中得到启示，有的楼梯呈海螺状，有的天台则是花朵造型。高迪称米拉之家是"用自然主义手法在建筑上体现浪漫主义和反传统精神最有说服力的作品。"

建筑是艺术。艺术贵在创新，贵在独树一帜。高迪成功地在建筑艺术上创造了不同于众的风格，独成一派，被称为"塑性建筑流派"。他在巴塞罗那创造了一朵又一朵建筑"奇葩"。

高迪的全名是安东尼奥·高迪·伊·克尔内特（Antonio Gaudi i Cornet，1852-1926年），出生于距离巴塞罗那不远的加泰罗尼亚小城雷乌斯。父亲是制作锅炉的铁匠，虔诚的天主教徒。

1870年，18岁的高迪进入加泰罗尼亚省立建筑学校。毕业之后于1878年获得建筑师职称，前往巴塞罗那工作，从此毕生奉献给巴塞罗那的建筑事业。

时势造英雄。高迪能够在巴塞罗那充分展现他在建筑艺术上的奇思怪想，得益于他生活的时代：

其一，当时正值西班牙女王伊莎贝拉二世颁布建设巴塞罗那新城的诏令不久，正值塞尔达制订巴塞罗那城市设计规划不久，巴塞罗那处于大兴土木的时候，正是建筑师可以施展拳脚的最佳时期；

其二，虽然当时西班牙殖民帝国已经走向衰落，但是在殖民时代盘剥殖民地，造就了巴塞罗那一批富得流油的大富豪，像巴特罗、米拉都是大富豪，所以才会拿出那么多黄金请高迪为自己建造豪华公寓。

有需求，有资金，加上高迪的才华，这才在巴塞罗那盖起一幢幢高迪式奇葩建筑。

巴特罗、米拉只是请高迪建造一幢公寓而已。对于高迪来说，跟大富翁欧塞维奥·古埃尔结识并结为知己，是一生成功的关键。所以在高迪成功背后，离不了这位企业家的鼎力支持。

高迪此人，沉默寡言，不善交际，只知专心致志于工作，怪癖颇多。比如不修边幅，满腮大胡子，一件外衣穿在身上可以几个月不换，几片面包就打发一顿午餐。高迪一点也没有建筑大师的派头，他从不招女性的青睐，以致终身未婚。

古埃尔是巴塞罗那航运业和纺织业巨头，固然腰缠万贯，可贵的是他并非"土豪"，有相当好的文化修养。1878年高迪刚获得建筑师职称，他的设计建筑风格就受到古埃尔的赏识。在1881年，古埃尔就委托高迪这位初出茅庐的建筑设计师为他在巴塞罗那郊区的纺织工业区设计工人新村。此后，古埃尔不断把建筑设计任务交给高迪，还把高迪介绍给巴塞罗那上层社会那众多的富人。

古埃尔可以说是高迪的伯乐。

别人见了乖僻的高迪拒之千里，而古埃尔却充分理解高迪，说道："正常人往往没有什么才气，而天才却常常像个疯子。"

最为重要的是，古埃尔只给高迪提供建筑项目和充足的资金，从不对高迪的设计说三道四，横加干涉，而是充分信任和尊重高迪的创作，听任高迪海阔天空自由发挥，给高迪提供了一个施展才能的舞台。正因为这样，高迪那些另类的建筑设计，才得以从幻梦中、从图纸上变成现实，引起广泛的注意，成为巴塞罗那当时红得发紫的建筑设计师。可以说，是古埃尔捧红了高迪。

古埃尔交给高迪的规模最大的建设项目，是从1900年开始建设的古埃尔公园。

在1899年，古埃尔在英国访问时，看到当时英国在建设花园城市。回到巴塞罗那之后，就买下巴塞罗那市区北面海拔267米的卡梅尔山上的17公顷土地，请高迪设计、建造一座花园城市，内中不仅有花园，而且有60幢高级别墅，还有剧场、商业街。古埃尔打算把那里建成巴塞罗那的富人区。

卡梅尔是一座光秃秃的小山，如同一张白纸。未来的花园城市什么样，古埃尔一概不加干涉，听任高迪自如挥洒，他只负责给高迪提供充足的资金。

高迪欣然受命。这个花园城市，后来被命名为古埃尔公园。

我来到古埃尔公园，仿佛进入童话王国。

我非常欣赏遍布古埃尔公园的廊道。公园各处都用廊道连接。廊道顶上是道，下方是廊。晴天时可以在廊道顶上的道散步。雨天或者嫌阳光太晒，则可以在廊道下面的廊行走。这种廊道是用当地的淡黄色的石料砌成的，表面特意极其粗糙，仿佛这廊道是天然岩洞，像溶洞，并非人工砌成。这廊照理应该是拱形，高迪却把圆拱特意设计成歪斜的。长廊的侧面，倒是一个圆拱挨着一个圆拱，以求通风、透光。

高迪在古埃尔公园的设计上，很注意运用彩色马赛克。公园里有一只表面嵌着马赛克的色彩斑斓的石头大蜥蜴，那是巴塞罗那的标志。在一个

圣家族大教堂彩窗

纪念馆内陈列建设圣家族教堂的历史照片

半圆形广场里，则沿着半圆砌了长长的石椅，石椅表面的彩色马赛克组成一个个漂亮的图案，在绿树掩映之下像一条五颜六色的彩虹。这个半圆形广场，是供歇脚、读书之用，所以砌了长长的石椅。石长椅凹凸有致，纵侧面呈S形，我坐上去觉得很舒服，据说高迪那时就已经注意到椅子人体工程学问题，尽量使椅子形状符合人体力学要求。

古埃尔公园里的高级别墅，没有按照原先的计划建60幢，原因是在没有汽车的年代，古埃尔公园离巴塞罗那市中心显得有点远，富翁们不愿意住到这僻远之处。在古埃尔公园，我只见到两座充满童话色彩的别墅，当年分别住着古埃尔和高迪。虽然古埃尔公园没有给古埃尔带来利润，反而造成巨额亏空，古埃尔却半点没有责怪高迪，反而常常跟高迪一起在这座风格奇特的公园里散步。

高迪建筑设计的顶峰，是巴塞罗那的圣家族大教堂，简称圣家堂。

欧洲的教堂无数，都以高高的尖塔和华丽的外表显示其神圣。据我所见，有3座不按常理出牌的教堂，因其另类，反而引起广泛的注意：

第一个是我在芬兰赫尔辛基市中心，见到一座没有尖顶、没有圆塔的岩石教堂。当地有花岗石巨岩，建筑设计师蒂莫•苏奥马莱宁和图奥莫•苏奥马莱宁兄弟因地制宜，提出令人耳目一新的方案：掏空巨岩的内部，以岩体为墙，在上面盖蛋形的玻璃天顶，建造一座没有尖顶、没有圆塔、举世无双的岩石教堂！

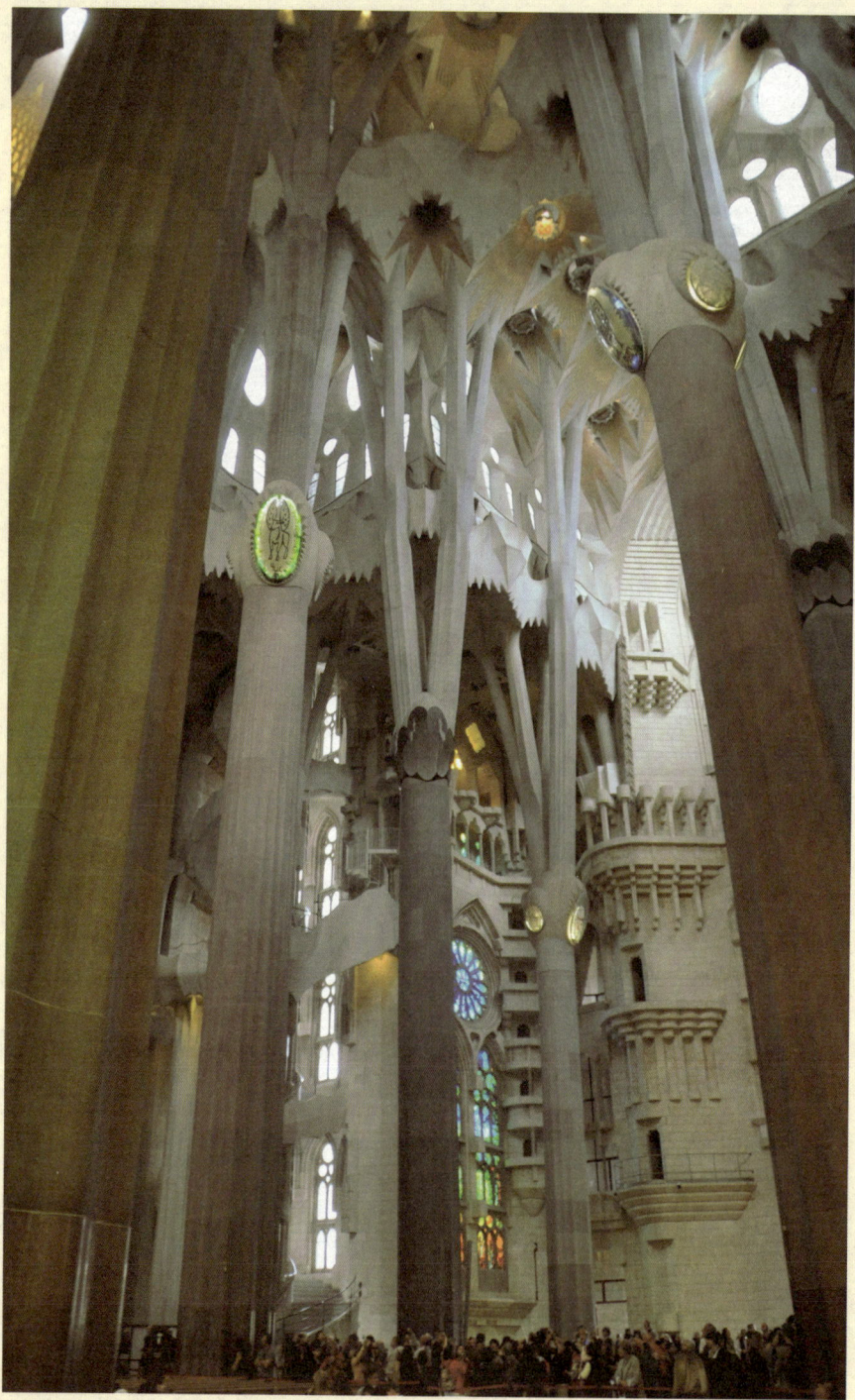

圣家族大教堂内

　　第二个是我在葡萄牙埃维拉见到的圣弗朗西斯科教堂，虽然外表与常见教堂无异，但是西厅的人骨教堂却以另类成为文化遗产。

　　第三个就是高迪设计的巴塞罗那圣家族大教堂，也列入世界教科文组织的文化遗产目录。

　　虽然从外表上看，圣家族大教堂也有4个哥特式高达170米的尖塔，但是没有一根直线，这些尖塔有着数百个孔眼，像是开了许许多多扇窗，这是任何哥特式教堂所没有的。塔尖上的十字架，有着一个球形花冠，这也是从未见过的。

　　教堂东、西、南侧，各有一个宏伟的大门，分别是"诞生之门"、"复活之门"和"荣耀之门"。大门周遭的外墙上，布满精美的雕像。内中"诞生之门"四周的雕像是高迪亲自设计的。他在创作这些雕像时，找了具备相应特征的活人作模特，所以雕像栩栩如生。

　　我步入圣家族大教堂的厅殿，更是眼前一亮，所有的立柱、尖拱、窗户，无一直线，与常见的教堂迥然不同。高迪设计了螺旋形的墩子、双曲面的拱顶和侧墙，双曲抛物面的屋顶。矗立在厅殿中的立柱、肋拱，模仿植物的株茎、花卉以至昆虫复眼，可谓奇思妙想，举世无双。

　　圣家族大教堂始建于1884年，是高迪未竟之作，至今尚未完工，但是早就开始使用。教堂规模甚大，可容纳万人。

　　圣家族大教堂是高迪最具代表性的作品，也是巅峰之作。

　　高迪晚年全力以赴建造圣家族大教堂。他未等圣家族大教堂完工就猝然离世，令人扼腕而叹。

　　关于高迪之死，有过各种版本的传说。笔者以为，下面的记述比较准确、翔实：

　　　　在有轨电车的铁道旁，有一个人躺在那里，身边全是血迹。他是死，是活，人们看不清楚。人们只能看到，躺着的是一个白胡子老人。他身上的西装发旧，鞋子也快要穿坏。也许是一个流浪汉？几个过路的人不时地朝这里张望。

　　　　这是1926年6月7日的下午，巴塞罗那市中心格朗大街所发生的一起交通事故。当老人被抬到几百米以外的急救中心的时候，他还在呼吸。

　　　　护士们从他的衣兜里只找到了一把葡萄干和花生米，还有一本翻烂了的《圣经》。在他苏醒过来的几秒钟里，护士们听到了他艰难地说出了自己的名字。但是这个名字对她们来说完全是陌生的。他被转移到了旁边的一个专收穷人的医院（引者注：即圣十字医院）。第二天，圣家族大教堂的一位神父认出了他。白胡子老人就是建筑师安东尼·高迪，圣家族大教堂的建筑者。两天以后，高迪在这个穷人的医院里的铁床上停止了呼吸。他当时快有74岁了，没有留下后代，留下的是他的建筑。

人们不会忘记这位建筑大师。在他去世的两天以后，纪念活动就开始了。1926年6月12日，高迪的葬礼震撼了整个巴塞罗那。人们从四面八方聚集到了大街上，整座城市沉浸在一片寂静之中。黑色的马匹拖着灵车，从医院出发，穿过大街小巷，来到圣家族大教堂。高迪被安葬在了自己贡献了几乎毕生精力来建设的教堂中。

有人称，高迪每天有例行的散步。那天他在散步时，没有注意到有轨电车已经开通运行，以至被撞倒。

也有人称，高迪当时正在思索圣家族大教堂建造中的问题，根本没有留意有轨电车发出的叮当声。

高迪撒手人寰，留下未完成的圣家族大教堂。我来到这座教堂时，那里还竖立着高高的起重机吊塔，仍在那里施工。据称，圣家族大教堂保守估计竣工时间为2050年，最乐观的估计也要在2026年才能看到成品。

高迪的照片甚少。我在圣家族大教堂的纪念馆里，很高兴看到高迪1922年在圣家族大教堂的一张照片，当即用照相机翻拍下来。

高迪为巴塞罗那而生，为巴塞罗那而死，他把一生奉献给巴塞罗那。高迪是巴塞罗那的精魂。

万国博览会留下的足迹

巴塞罗那在1888年、1929年两度成功地举办了万国博览会，在1992年又成功地举办了第25届奥运会，这3次盛会既成为巴塞罗那腾飞的良机，又给巴塞罗那留下了一大批恢宏的纪念性建筑物，成为挂在巴塞罗那胸前的金光闪闪的荣誉奖章，也成为来到巴塞罗那的游客必去之处。

这些纪念性建筑物，规模一次比一次大，数量一次比一次多。

1888年巴塞罗那万国博览会留下的纪念物，是一座凯旋门。

从蒙锥克山上俯瞰巴塞罗那，正前方为西班牙广场

在欧洲的大城市，几乎每一座城市都有一座甚至好多座凯旋门。凯旋门通常是为战争胜利而建的。内中最著名的巴黎凯旋门，是拿破仑一世为了纪念1805年打败俄奥联军的胜利，于1806年下令修建的"一道伟大的雕塑"。然而巴塞罗那的凯旋门，却与战争无关，而是作为1888年万国博览会的主入口而建。

与白色大理石砌成的巴黎凯旋门明显不同，巴塞罗那凯旋门一身红妆，是用红砖砌成的。凯旋门的顶端装饰着西班牙49个省的省徽。前面的门楣上雕刻有"Barcelona rep les nacions"（即"巴塞罗那欢迎各国"）。

1929年巴塞罗那万国博览会的纪念物，总共两处，即坐落于巴塞罗那新城的蒙锥克山下的西班牙广场和坐落于蒙锥克山上的国家宫。

蒙锥克山是巴塞罗那市中心西南部的一座小山，山势平缓，但是东侧临海处则几乎是峭壁。山顶高度为173米。蒙锥克山山脚一带原本是绞刑场，山顶除了监狱之外，则东一座、西一座散落着一些私人别墅，还有星罗棋布的采石场。当巴塞罗那获得1929年万国博览会举办权的时候，市政厅看中了蒙锥克山：把山脚的绞刑场改建为一个大型广场，让观众从那里沿着山坡上山，在山顶建造1929年万国博览会的主会场——展览馆。这么一来，原本乱七八糟的蒙锥克山面目一新，完全改观了。

蒙锥克山山脚的广场，被命名为西班牙广场。在西班牙，几乎每一座城市都有西班牙广场。巴塞罗那的西班牙广场，成为新城的主要广场。

广场最醒目的标志，是两座高达47米的用红砖砌成的方塔，作为1929

年巴塞罗那万国博览会的主入口。这方形砖塔，是仿照意大利威尼斯的圣马可钟楼形状建造的。圣马可钟楼高达98.6米，建于15世纪末期，是威尼斯城市最高的地标式建筑。

如果说1888年巴塞罗那万国博览会的主入口凯旋门是拱形的门，那么1929年巴塞罗那万国博览会的主入口这两座红色方塔便是一道开放的门。

沿着巴塞罗那新城市中心的玛丽亚·克里斯蒂娜女王大道，走过两座红色方塔，便进入西班牙广场。西班牙广场右侧是1900年建造的斗牛场，现在仍保持斗牛场外形，内部已经改为购物中心。另外，在广场上还有4根白色的圆柱，据说是加泰罗尼亚民族的标志。

西班牙广场中心是雕塑群和音乐喷泉。再往前走，便是蒙锥克山。山坡上是一级级宽大的石阶，沿着石阶拾级而上，山顶便是举办1929年巴塞罗那万国博览会的国家宫。

米黄色的巴塞罗那国家宫，是一座巴洛克式的宏大建筑。国家宫中部的主楼有一椭圆形穹隆屋顶，两侧是对称的长方形大楼。1929年巴塞罗那万国博览会的开幕式就在国家宫主楼的椭圆形大厅举行，贵宾云集。开幕式由当时的西班牙国王阿方索十三世与王后维多利亚·尤金妮亚亲自主持。

国家宫在1923年10月动工，在1929年落成，建筑面积达到32 000平方米。如今那里是加泰罗尼亚国家艺术博物馆（MNAC），收藏从罗马时期、哥特时代直到现代的西班牙艺术品。

我站在国家宫前往下俯瞰，那天阳光灿烂，巴塞罗那市区历历在目，尤其是山脚下的西班牙广场尽收眼底。

举办1929年巴塞罗那万国博览会的国家宫前雕像

巴塞罗那国家宫

巴塞罗那奥运会享誉世界

　　我从蒙锥克山上的国家宫，来到同样位于蒙锥克山上的奥林匹克体育场——那就是1992年7月25日至8月9日在巴塞罗那举行的第25届夏季奥运会的主会场，开幕式与闭幕式都在这里举行。

　　与1888年、1929年两度万国博览会相比，在1992年举办的第25届奥运会对巴塞罗那产生的影响更大。

　　巴塞罗那早就盼望着成为奥运会的举办城市，曾经在1924年、1936年和1940年三度提出申办奥运会，都以失败告终。

　　1986年10月17日，在瑞士洛桑举行的国际奥委会第91届全会上，第四次提出申请的巴塞罗那，战胜法国的巴黎、荷兰的阿姆斯特丹、澳大利亚的布里斯班、英国的伯明翰和南斯拉夫的贝尔格莱德，终于赢得了主办权。

　　巴塞罗那这次赢得主办权，除了因为巴塞罗那这座城市有了长足的发展，而且有了三度申办奥运会的经验，更重要的是两点：

　　其一，1992年是哥伦布发现新大陆500周年纪念，而哥伦布当时向西班

巴塞罗那蒙锥克奥林匹克体育场

139

牙女王伊莎贝拉报告胜利消息的地点，正是巴塞罗那；

其二，当时国际奥委会主席萨马兰奇的家乡就是巴塞罗那，他以自己的影响力为家乡成功申办奥运会助一臂之力。

萨马兰奇1920年7月17日生于巴塞罗那，2010年4月21日病逝于巴塞罗那，可谓生于斯，死于斯。据巴塞罗那友人介绍，在萨马兰奇生前，常看见他与夫人手挽手走在巴塞罗那街头。

在蒙锥克山奥林匹克体育场圆拱形大门两侧，是青铜雕像——骑马者。那马保持跃起的姿势，仿佛马上要奋蹄疾奔。这两尊铜像是从奥林匹克的发源地希腊复制而来的。

步入蒙锥克山奥林匹克体育场，觉得眼熟，因为当第25届奥运会在巴塞罗那举行时，经常可以从电视屏幕上看到这座宏伟的体育场。我也是在那个时候，从电视屏幕上看到巴塞罗那这座海港城市的种种迷人景象，今日终于得以身临其境，亲眼目睹。站在蒙锥克山奥林匹克体育场，我的耳际仿佛响起万众欢呼声，响起第25届奥运会亲切的主题曲《巴塞罗那》：

巴塞罗那，巴塞罗那
巴塞罗那，巴塞罗那
万岁
我拥有完美梦想
梦想中有你有我
我希望全世界都能看到
奇迹呈现长空
顺着我的指引我的灵感
梦想正在慢慢成真
微风轻拂
铃声荡漾
召唤我们欢聚一堂
引领我们奋勇直前
愿我的梦想永世长存
巴塞罗那，我们初次相遇
巴塞罗那，我怎么能忘怀
眼神交汇的瞬间

你带走我的呼吸
巴塞罗那，巴塞罗那
愿神灵引领我们某一天再相遇
歌声飞扬
音符回荡
让我们齐声欢唱
共庆盛典
高声欢呼
激情飞舞
穿越长空撼动世界
焕发生命光彩
巴塞罗那，美丽的地平线
巴塞罗那，阳光下的珍珠
巴塞罗那，巴塞罗那
神灵保佑，神灵保佑，
神灵保佑，友谊天长地久
万岁，巴塞罗那

蒙锥克山奥林匹克体育场的主席台显得很大，上方是一个40米宽、130米长的大穹顶，据说是世界上最大的主席台顶盖之一。

我特别注意体育场北侧入口处那高达18米、重达11吨的圣火台，是按照地中海帆船船舵式样设计的。圣火台的火盆和主体采用钛和不锈钢制成。我不由得记起，巴塞罗那奥运会开幕式上难忘的点燃主火炬的镜头：那是由1984、1988年两届残疾人奥运会射箭奖牌获得者，37岁的巴塞罗那选手雷波洛射箭点火的。当时，雷波洛从轮椅上站起来，用传递到体育场的火炬上的圣火点燃箭头，奋力一射，不偏不倚射中70米外21米高的圣火台，顿时圣火盆里燃起冲天烈焰，体育场内欢声雷动。雷波洛为了这历史性的一箭，曾经练了不下2 000次。

蒙锥克山奥林匹克体育场最初是为了迎接1929年万国博览会兴建的。在巴塞罗那申办1936年奥运会时进行了扩建，可容纳6.5万观众。为了迎接1992年奥运会，再度翻修、扩建，可容8万观众。

此外，为了迎接1992年奥运会，在蒙锥克山还兴建了圣约蒂体育馆、蒙锥克跳水池、游泳池、棒球场和田径训练场等体育场馆群。为了便于观众上山，巴塞罗那市政厅还改建了上山的公路，建设了上山的卷扬电梯。

1992年奥运会不仅使巴塞罗那的山——蒙锥克山旧貌换新颜，同时也使巴塞罗那海港"大翻身"。

我来到巴塞罗那东南，那里是以奥林匹克命名的海港——奥林匹克港。

在蓝天白云之下，在椰子树下，呼吸着地中海清新的空气，展现在我眼前的是奥林匹克港崭新的现代化面貌。

碧海与淡黄的沙滩相接。穿着泳衣的男男女女，在这里充分享受明亮的阳光和湛蓝的海水的洗礼。这里50米宽、4公里长的沙滩，是巴塞罗那人气最旺的地方，是巴塞罗那政府为了迎接1992年奥运会在这里填海铺设的，便于在这里举行奥运会帆船赛。

我在奥林匹克港码头徜徉。两幢142米高的双子星塔楼，矗立在海边，一幢纯白色的是写字楼，一幢黑白横条交错的是五星级宾馆，也都是为迎接1992年奥运会在这里建成的，成为巴塞罗那的最高建筑。

最吸引游客目光的是那幢纯白色塔楼前方，一幢只有几层的楼房上方，横躺着一条甩着尾巴的无比硕大的鱼的雕像，叫做"地中海之鱼"。这条鱼由铜的网格组成，镂空，黑色，看上去如同一条鲸鱼蹦到岸上。这条"地中海之鱼"成为奥林匹克港的标志，在1992年奥运会举行时曾出现在各国的电视屏幕上。

"地中海之鱼"出自加拿大世界建筑大师弗兰克•盖里(Frank Gehry)

巴塞罗那奥林匹克新港的"地中海之鱼"

之手。他是建筑界的"诺贝尔奖"普利兹克建筑奖的1989年得主。他向来喜欢鱼，鱼是他童年的玩伴，所以他有着很浓的"鱼情结"。他曾说，"鱼"是个很神奇的东西，它们早于人类5亿年前就存在于世界上了，比人类更具有灵性。正因为这样，他为巴塞罗那奥林匹克港设计了用铜网做成的鱼，受到人们的一致赞赏。

出人意料的是，那条"地中海之鱼"下方，是巴塞罗那最大的赌场。

趁1992年奥运会的东风，巴塞罗那还花费几亿美元扩建了机场、市内道路以及加强城市绿化。正因为这样，1992年奥运会使巴塞罗那面目一新。

通过1992年奥运会的电视转播，给"地中海明珠"巴塞罗那做了大广告。巴塞罗那明媚的风光吸引了众多的游客，使得这座城市一下子在世界旅游城市排行榜上从第17位跃为前列。

巴塞罗那在世界上的知名度远远超过了首都马德里，以致有些人误以为巴塞罗那是西班牙的首都呢！

巴塞罗那蒙锥克奥林匹克体育场

西班牙各地

古都托莱多

　　除了前往西班牙最重要的两个大城市——首都马德里和海港巴塞罗那之外，我还在西班牙"走透透"，来到西班牙的东南西北。

　　第一个值得记述的，就是古都托莱多。

　　托莱多在马德里西南70多公里，距离马德里不过一个小时车程。

　　当年，西班牙分为四个王国。由于阿拉贡王国的斐迪南王子与卡斯提尔王国的伊莎贝拉公主联姻，致使两国合并，在1492年统一了西班牙。当时阿拉贡王国的首都是巴塞罗那，而卡斯提尔王国的首都就是托莱多。

　　1561年，西班牙国王菲利浦二世决定迁都马德里，托莱多逐渐式微，但是一直保持中世纪古城的面貌。正因为这样，在1987年联合国教科文组织把托莱多列入世界文化遗产名录。

　　在去托莱多之前，我看过世界名画《托莱多风景》：在绿树葱郁的山巅，拥立着一座古色古香、依山而筑的城堡，那便是托莱多。

　　这幅名画出自16世纪希腊画家艾尔•格列柯笔下。不过，他常常被称为"伟大的西班牙画家"，因为他生命中有37个春秋在西班牙托莱多度过。

建筑在山崖上的托莱多城区被塔霍河三面环绕

格列柯的不朽名作《托莱多风景》（资料）

托莱多古城

正因为这样，他熟悉托莱多的一草一木，他的《托莱多风景》勾勒出托莱多的真谛。

从马德里可以乘坐高铁直达托莱多。托莱多火车站在山脚，而托莱多古城在山顶，所幸景区为游客安装了自动扶梯，这电梯一个接着一个，一连六七个，为我省了许多脚力。当我走山最后一个手扶电梯，托莱多古城便在眼前。

这时，我才真正明白，托莱多古城是何等险要：古城建在山崖之上，除了悬崖峭壁的一面之外，其余三面被塔霍河环绕，塔霍河简直成了托莱多古城天然的护城河！

塔霍河，全河统称塔古斯河，在葡萄牙叫特茹河，在西班牙这条河叫塔霍河，是伊比利亚半岛第二大河，发源于西班牙阿尔瓦拉辛附近的山脉，向西流淌，最终在葡萄牙首都里斯本注入大西洋。塔霍河全长1 038公里，其中716公里位于西班牙境内，47公里在西班牙和葡萄牙的边境，其余的275公里在葡萄牙境内。托莱多与里斯本共享一条河，托莱多在河之首，里斯本在河之尾。

在塔霍河上，只有三座古桥通向托莱多。

我佩服最初选择此地建城者的目光。托莱多扼守要津，牢牢钳制住塔霍河流域。托莱多高踞于悬崖之上，又有塔霍河保护，可谓易守难攻，是极其重要的战略要地。

正因为托莱多险要而又重要，成为历来兵家必争之地，可谓"城头变

托莱多古城

托莱多城圣马丁桥

幻大王旗"。托莱多最初的历史，实际上是西班牙古代历史的缩影：

在古代，托莱多的土著居民是伊比利亚人，他们是渡海而来的腓尼基人、希腊人和迦太基人的后裔，在伊比利亚半岛定居，所以叫伊比利亚人。

罗马帝国的势力在欧洲膨胀，不久南下进军西班牙。公元前192年，罗马人占领托莱多，开始在这里修筑城堡。

此后，欧洲日耳曼民族的西哥特人势力崛起。哥特人当时居住在欧洲德涅斯特河两岸，河东的称东哥特人，河西的称西哥特人。德涅斯特河是一条大河，发源于东喀尔巴阡山脉，流经乌克兰，注入黑海的德涅斯特湾。强悍的西哥特人南征，取罗马人而代之统治西班牙，于公元527年攻取托莱多。西哥特人信仰基督教。

在西哥特人击败罗马人的时候，随西哥特人一起来到西班牙、来到托莱多的，还有犹太人。犹太人为什么会大批南下进入西班牙呢？因为他们在欧洲受到罗马人的驱赶、迫害。自从罗马军团在公元70年摧毁犹太人在耶路撒冷的"第二圣殿"之后，犹太人便开始了到处流浪的生活。犹太人信仰犹太教。

西哥特人占领托莱多近200年，在公元711年又被摩尔人攻陷。摩尔人是穆斯林，通常分为非洲摩尔人和欧洲阿拉伯摩尔人两类。摩尔人给托莱

托莱多的正门比萨格拉门

多带来伊斯兰文化。

　　1085年卡斯提尔王国的国王阿方索六世打败摩尔人，从此托莱多成为卡斯蒂利亚王国首府。卡斯提尔王国国王信奉基督教，托莱多同时成为西班牙的天主教中心。托莱多进入鼎盛时期。

　　卡斯提尔王国国王阿方索六世对托莱多实行"开明"政策。托莱多每一次"城头变幻大王旗"，尽管改朝换代，掌权者更替，但是每一个朝代都留下了后裔，他们的信仰、文化不同，就连建造的房子的式样也不同，而阿方索六世兼容并蓄，下令保护托莱多不同的生活习俗、宗教信仰和历史遗产。

　　这里顺便提一句，西班牙的斐迪南国王与伊莎贝拉女王是开创西班牙统一的英明君主，他们在1492年刚刚统一西班牙并支持哥伦布远航探险的同时，曾经宣布采取宗教宽容政策，使摩尔人和犹太人等异教徒得以和平地归顺。然而后来天主教的"异端裁判所"说服了伊莎贝拉和斐迪南"双王"，强迫摩尔人和犹太人要么皈依天主教，要么迁到非洲去。为此，"双王"在西班牙发动了"驱逐摩尔人"和"驱犹运动"，赶走当时不愿改信天主教的穆斯林，也赶走了定居于西班牙的20万犹太人。就这一点而言，卡斯提尔王国国王阿方索六世在托莱多容纳天主教、伊斯兰教和犹太教三教并存，这是何等的不容易。

塞万提斯为古都托莱多的题词："西班牙国家之荣耀，西班牙城市之光芒"（资料）

托莱多的装饰

　　我来到托莱多城。由于托莱多东、西、南三面有塔霍河作为护城河，分别在塔霍河上各建一座多拱石桥，而桥头建有高大的碉堡，亦即桥头堡。守住了桥，也就守住了托莱多城。内中最为壮观的，是圣马丁桥。

　　在托莱多城北面，建造了高高的厚实的石砌城墙。城墙正中，有两个圆柱形的堡垒，保护着中间的一道圆拱门。这便是托莱多城的正门，进入托莱多城的唯一通道——只是近年来为了方便汽车进出，在旁边另开一道方形大门。

　　托莱多城的正门，叫做比萨格拉门。大门上方，是神圣罗马帝国国徽——帝国皇鹰浮雕。

　　托莱多的城门，怎么会刻上神圣罗马帝国的国徽？因为当时的西班牙国国王，是由神圣罗马帝国皇帝查理五世（1500-1558年）兼任。他作为西班牙国王时称查理一世，也称卡洛斯一世，而作为神圣罗马帝国皇帝时则称查理五世。

　　在比萨格拉门之后，是兵器院，院子里有查理一世的白色大理石雕像，而墙上嵌着白色瓷砖，上面有西班牙文学大师塞万提斯蓝色的肖像，还用蓝色的西班牙文写着他为托莱多城的题词：

西班牙之荣耀

西班牙城市之光

　　我步入托莱多老城，映入眼帘的是满城石砌的中世纪房屋，用石子铺成的街道狭而窄。

　　细细观察托莱多的老房子，既有阿拉伯式的、罗马式的，也有哥特式

的、犹太式的。阿拉伯穆斯林、基督徒和犹太人共居此城，所以托莱多被
誉为"三种文化之都"。托莱多能够被联合国教科文组织列为世界文化遗
产，这"三种文化之都"也是其中的因素之一。

托莱多最典型的阿拉伯风格建筑是高大的太阳门，而哥特式最典型的
建筑则是托莱多大教堂。这座教堂高达90米的尖顶，是格列柯名画《托莱
多风景》中最醒目之处。

名画《托莱多风景》高处的方形巍峨城堡——托莱多的城中城、西班
牙国王时称查理一世的王宫。那里是托莱多海拔450米的制高点。正方形
的王宫四角有四个方形尖顶塔楼，卫士在塔楼里警戒，整个托莱多尽收眼
中，一举一动都受到监视。

游览托莱多，使我了解了西班牙的古代史，了解三种不同的文化如何
给西班牙留下历史的烙印。

西部要塞卡塞雷斯

托莱多是西班牙中部古都，而卡塞雷斯则是西班牙西部古城。

我从葡萄牙中部的埃维拉乘车向东进入西班牙，见到的第一座西班牙
城市就是离西葡边境不远的卡塞雷斯，整个行程190公里。那一带地势平
坦，属埃什特雷马杜拉平原。我抬头远望，天际线上是一棵棵深绿色的橄
榄树。当面前出现一大片山丘时，公路边上的蓝色路牌上出现白色的西班
牙文"Cáceres"，即卡塞雷斯。与卡塞雷斯的英文名字"Caceres"不同的
只是西班牙文中把"a"写成了"á"。

卡塞雷斯城坐落于山丘之上。不过，这儿跟高踞于悬崖之巅的托莱多
明显不同，这里山势平缓。即便如此，在大片平原之中，也算是可以依山
防守。所以卡塞雷斯最初的阿拉伯语名字叫"卡斯里"，原意即要塞。卡
塞雷斯是西班牙的西部要塞。

卡塞雷斯分为新城和老城，总人口为7万，绝大部分居民住在新城。卡
塞雷斯是卡塞雷斯省省会，位于埃什特雷马杜拉地区，塔古斯河南岸。

我先是来到卡塞雷斯新城，这里相当繁华、时尚，只是街道不是很
宽，商店门面也不很大。

火腿是卡塞雷斯特产，连咖啡馆前都挂着火腿

引起我注意的是，这里不仅有专门的火腿店，而且在咖啡馆、酒吧门口也挂着火腿。原来，西班牙的火腿闻名世界，而卡塞雷斯是西班牙火腿的主要产地之一，被称为"火腿之乡"。

世界上很多国家都生产火腿，但西班牙火腿的价格是最昂贵的。后来我在西班牙很多超级市场里都看到出售火腿。不过，几乎没有成块出售，而是切成薄片，用塑料袋真空包装。那火腿片看上去肉色粉红，纹理如同大理石。西班牙火腿跟中国的金华火腿的最大不同是可以生吃。在西班牙我曾吃了一盘火腿。由于从未吃过生肉，所以我在吃西班牙火腿时有一种畏惧感。小心翼翼吃了一小口之后，没有想到，生火腿竟是那么的鲜美。于是，很快就吃光了那盘西班牙火腿。

西班牙火腿能够生吃，是因为整个生产过程都是在冷库中进行的，非常注意微生物滋生的预防措施。

火腿是卡塞雷斯特产

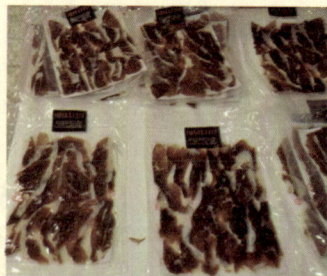

西班牙火腿

另外，西班牙火腿的含盐量低，通常

为2.5%左右，所以味道格外的鲜美，而中国金华火腿的含盐量高，通常达8%-12%。

西班牙火腿中的极品是伊比利亚火腿。这种火腿是用伊比利亚黑毛猪的后腿制作，而在饲养伊比利亚黑毛猪时，主要的饲料是橡果，所以猪肉又香又鲜。

卡塞雷斯新城与老城的交界处，是一个巨大的长方形广场，叫做卡塞雷斯大广场，又叫马约尔广场。卡塞雷斯市政厅就在那里。这个广场在公元13世纪建成，曾是卡塞雷斯手工艺品市场。如今广场的这边是新城，白色外墙、红瓦屋顶的四层楼房，呈"凹"形包围了广场。这些楼房的底层是商店、餐馆、咖啡馆，而另一边则是土黄色的卡塞雷斯古城的石砌高大城墙，新城与古城形成了鲜明的对比。

我穿过广场，走向卡塞雷斯古城。上了一级级石阶，迎面就是古城墙。古城墙下宽上窄呈梯形，即所谓"宽打地基窄垒墙"。城墙长达12公里，环绕卡塞雷斯古城。

在古城一侧，一座方形的石砌方塔高高耸立，塔顶是锯齿形垛口，叫

西班牙卡塞雷斯老城的星辰拱门　　　　　　西班牙卡塞雷斯老城卡瓦哈尔之家

做布哈克塔。布哈克塔一望而知是守卫城墙的瞭望塔。塔上还有好多个射击孔。

城墙中间有一圆拱形大门，那便是卡塞雷斯古城的城门，叫做星辰拱门，又名星月拱门。

走进星月拱门，我沿着狭窄的小巷往前走。我发现，古城里所有的路，都是中世纪的碎石路。所有的房子，几乎都是中世纪的石砌房屋。古城之中，清一色的土黄色石墙。

卡塞雷斯古城几乎是一座空城。尽管如今古城里有电也有自来水，但是除了管理人员之外，鲜有居民居住。

从卡塞雷斯古城里的房屋建筑形式可以看出，既有阿拉伯伊斯兰教式，也有北欧哥特式，还有意大利文艺复兴式，甚至有美洲新大陆式。这是历史在卡塞雷斯古城留下的脚印。

跟托莱多的城市发展史相似，卡塞雷斯古城也曾四度易主：

这里最早的居民是原住民——古伊比利亚人。

第一次易主是在公元前29年，南下的罗马帝国军队看中突兀于一大片平原之中的山丘，在这里建立城堡。这里成了罗马人的天下。

第二次易主是在公元9世纪，阿拉伯人赶走罗马人，在这里建立军事要塞，并称之为"卡斯里"。卡塞雷斯成为穆斯林的据点。

第三次易主是在公元12世纪，来自非洲的阿尔摩哈德帝国的摩尔人，成为卡塞雷斯古城的主人。他们也信奉伊斯兰教。他们扩建卡塞雷斯的防御工事。那12公里长的城墙就是这时候修建的。卡塞雷斯有了一圈城墙，变得安全，许多富人便在城里建造伊斯兰风格的豪宅。为了保护豪宅，富人们建起了布哈克塔那样的方塔，雇佣大批骑士在方塔上警戒，骑士人数一度达300多人，而新建的方塔也达30座之多。

第四次易主是1229年，莱昂王国国王阿方索九世（1171－1230年）率基督教徒从摩尔人手中夺取了卡塞雷斯。

1230年，莱昂王国国王阿方索九世去世，其子费尔南德三世即位。费尔南德三世同时又是卡斯提尔王国国王——1217年他的舅舅卡斯提尔王国国王恩里克一世去世，他继承了卡斯提尔王国王位。于是费尔南德三世在1230年身兼莱昂王国与卡斯提尔王国两国国王，宣布莱昂王国并入卡斯提尔。这样，卡斯提尔成为当时西班牙四个王国中面积最大、实力最强的王国。

此后，卡斯提尔王国女王伊莎贝拉与阿拉贡王国国王斐迪南因联姻而合并两国，并在1492年统一西班牙。这"双王"排斥穆斯林，下令拆除卡塞雷斯古城内穆斯林富豪家的方塔。于是卡塞雷斯古城内原先的30座方塔被拆除20座，只剩下10座。

在哥伦布发现新大陆之后，在殖民战争中发了大财的一些人，在卡塞雷斯古城建造新宅，带有新大陆风格。

这样，卡塞雷斯古城内的建筑，形成阿拉伯伊斯兰教式、北欧哥特式、意大利文艺复兴式与美洲新大陆式"四世同堂"。卡塞雷斯古城的各种风格建筑保护完好，所以在1986年列入联合国世界文化遗产名录。

我在卡塞雷斯古城漫步，来到圣豪尔赫广场，那是以卡塞雷斯的保护神豪尔赫命名的。在广场一侧，有建在山坡"高高在上"的白色圣弗朗西斯科•哈维尔教堂，还有土黄色石块砌成的卡塞雷斯圣弗朗西斯科•哈维尔教堂和圣母玛利亚大教堂。

走过弯弯曲曲的铺着石子的小巷，两侧都是土黄色的高墙大院。当年住在这里的达官富贾早已经灰飞烟灭，只剩下寂寞空屋。偶见一家大院开着门，我进去参观，见到石壁厚实，非常坚固，地面也铺着石块，天花板很高，房间很大。

在卡塞雷斯古城，来来往往差不多都是来自世界各地的游客。这座古城，以中世纪风光著称，成为西班牙的旅游名城。

西班牙卡塞雷斯老城圣弗朗西斯科•哈维尔教堂

155

塞维利亚

古色古香塞维利亚

从卡塞雷斯一直向南，向南，一路平原，行车260公里，来到了棕榈树、椰子树下的塞维利亚。

塞维利亚是西班牙南部第一大城，安达卢西亚自治区的首府和塞维利亚省的省会，市区人口65万，倘若把郊区人口也算进去，则达130万。这是托莱多、卡塞雷斯无法与之相比的。1992年西班牙建成第一条高铁，便是从首都马德里到南部第一大城塞维利亚，全程538公里，大约两个半小时即可到达。如今，每天有十几趟高铁往返于马德里与塞维利亚之间。

一到塞维利亚，明显感到气温上升。这里相当于中国的广州、深圳。虽然已经秋日，在塞维利亚街头我看到行人大都穿T恤、短裤。西班牙姑娘的短裙之下露着长腿，趿着塑料拖鞋。

塞维利亚充满浓郁的文化气息。英国诗人拜伦笔下的《唐璜》，法国作曲家比才的歌剧《卡门》，意大利作曲家罗西尼的歌剧《理发师》，故事都发生在塞维利亚。歌剧《理发师》的全名就叫《塞维利亚理发师》。西班牙著名作家塞万提斯，就是在塞维利亚度过了他的青年时代。

有河则灵。里斯本的灵气来自特茹河，马德里的灵气来自曼萨纳雷斯河，而塞维利亚的灵气则来自瓜达尔基维尔河。

瓜达尔基维尔河的阿拉伯文原意是"大河"。西班牙的河流凡东西走向的是大河，而南北走向的河流都很小。瓜达尔基维尔河发源于哈恩省境内的卡索拉山脉，全长657公里，自东往西流至塞维利亚。

我来到瓜达尔基维尔河畔，见到河面宽广，波光粼粼，河水蓝中带绿，难怪人称"蓝色的镜子"。

对于塞维利亚来说，瓜达尔基维尔河的重要不仅仅在于诱人的风光和水利的益处，最关键的是，瓜达尔基维尔河流经塞维利亚之后，在120公里处注入大西洋的加的斯湾。这么一来，塞维利亚不仅仅是瓜达尔基维尔河的内河港口，而且直通浩渺的大西洋，成为海港，古称巴罗斯港。

有水则兴。塞维利亚的兴旺发达，很大程度上借助于瓜达尔基维尔河，借助于直通大西洋。西班牙的海岸线，大部分在东部和东南部的地中海沿线，而能够直通大西洋的口岸，则只有塞维利亚。

可不是嘛，1492年8月3日哥伦布率远洋船队首次远征新大陆，就是从塞维利亚港（巴罗斯港）出发。他从新大陆凯旋，那远洋船队同样是回到塞维利亚港。

可不是嘛，麦哲伦当年率远洋船队作环球探险，也是从塞维利亚港出发，绕地球一周之后回到塞维利亚港（麦哲伦本人在菲律宾遇难）。

可不是嘛，在西班牙殖民帝国的兴盛时期，一艘艘远航的船，也是从塞维利亚港出发，然后回到塞维利亚港。

那时候，塞维利亚不仅是西班牙的远洋航行的港口，而且是建造那些远航帆船的基地。

塞维利亚港兴盛的见证者，是矗立在瓜达尔基维尔河畔的黄金塔。

我来到黄金塔。在卡塞雷斯，我见到的都是正方形的土黄色伊斯兰风格的瞭望高塔。黄金塔也是这样土黄色伊斯兰风格的高塔，但不是正方形的，却是正十二面形，有着十二个棱角。

关于黄金塔这名字的来历，有许多有趣的版本：有的说，最初塔身上涂了金粉，所以叫黄金塔，只是后来风吹雨打，这些金粉掉了，只剩下土黄色的外墙了；有的说最初塔身上贴了金色的瓷片，浑身金光闪闪；还有的更加离谱，说黄金塔的外墙最初砌的是金砖！须知，偌大的黄金塔的外墙倘若用金砖来砌，需要多少黄金！更何况建造黄金塔时，塞维利亚并不富有，哪里会有那么多金砖、金色的瓷片、金粉呢？

其实，黄金塔最初是一座堡垒，建于1220年，是摩尔人统治塞维利亚的时候建造的，所以黄金塔是伊斯兰风格建筑。

摩尔人怎么会成为塞维利亚统治者的呢？

塞维利亚跟托莱多、卡塞雷斯一样，也是一座古城，同样富有历史的沧桑感。

最初，塞维利亚是瓜达尔基维尔河畔一个小渔村，生活着伊比利亚人。公元前43年，发展成为一个小城市。塞维利亚的命运跟托莱多、卡塞雷斯一样，先后被罗马人、西哥特人占领。阿拉伯穆斯林是在公元712年成为塞维利亚的统治者。此后，来自非洲的穆斯林摩尔人取代了阿拉伯人统治塞维利亚。阿拉伯人和摩尔人统治塞维利亚长达四个世纪，他们在塞维利亚兴建诸多伊斯兰风格的建筑物，还修建了城墙。

摩尔人在瓜达尔基维尔河边建造城墙时，还建造了堡垒。黄金塔就是一座与沿河城墙相连的堡垒，用来瞭望并守卫瓜达尔基维尔河。对于塞维利亚来说，瓜达尔基维尔河的防务是至关重要的。正因为这样，我在黄金塔下以及黄金塔上，都见到铸铁大炮。

另外，在黄金塔底设有好几根很粗的铁链，从黄金塔所在的左岸伸向对岸——右岸。铁链的另一头固定在右岸。当敌人的船队攻入瓜达尔基维尔河时，把铁链用绞盘绞紧，就可以拦住敌船。

摩尔人是有眼光的。就在他们建造好黄金塔的第26个年头——1246年，一场激烈的战争在塞维利亚打响，黄金塔这座堡垒在战争中派上了用场。

前来进攻塞维利亚的是谁呢？是费尔南德三世率领的基督徒大军。

瓜达尔基维尔河上的拱桥

在《西部要塞卡塞雷斯》中已经写及，在1230年费尔南德三世身兼莱昂王国与卡斯提尔王国两国国王，宣布莱昂王国并入卡斯提尔。这样，卡斯提尔王国成为当时西班牙四个王国中面积最大、实力最强的王国。费尔南德三世率军南下，要攻取"异教徒"摩尔人占领的南部要津塞维利亚。

1246年，费尔南德三世的军队从水陆两路进攻塞维利亚。费尔南德三世的舰队驶经黄金塔时，不仅遭到摩尔人的炮轰，而且受到水下铁链的阻拦。

经过将近两年的围困，费尔南德三世终于战胜摩尔人。1248年11月23日，摩尔人打开塞维利亚城门，向卡斯提尔王国投降。

此后塞维利亚多年无战事。黄金塔也"改行"，先是作为仓库，后来一度改为监狱。

在1492年哥伦布发现新大陆之后，西班牙走上了殖民帝国之路，黄金塔也"忙碌"起来。西班牙官员和军队入驻黄金塔。所有从远洋归来的船只，必须在这里的码头停泊，接受登记，卸下黄金，上缴西班牙王室。这些黄金，暂存于塔内，于是得了"黄金塔"之名。其实，更为准确的名字，应是"藏金塔"。

黄金塔原本两层，在1760年又新建了圆柱形的第三层，以便使瞭望哨能够站得更高，更加清楚地监视河面来往船只。

当西班牙殖民帝国的黄金岁月过去，黄金塔又归于沉寂，一度变为邮局。

如今，黄金塔成了博物馆。我走进黄金塔，在底楼看到关于黄金塔的历史展览。沿着螺旋形的楼梯上去，二楼是费尔南德三世事迹展览。黄金

蹄声得得，一辆辆复古的马车载着来自世界各地的游客，驶过塞维利亚的街头

塔还保存当年西班牙航海家们在西印度群岛探险时的书信和资料。

触摸黄金塔，如同叩开塞维利亚的历史之门。黄金塔的兴衰，凝固着并折射着塞维利亚的曲折历史。

蹄声得得，一辆辆复古的四轮马车载着来自世界各地的游客，驶过塞维利亚的街头。

叮当，叮当，有轨电车驶过塞维利亚的街道。

塞维利亚市中心，古色古香。从黄金塔步行几百米，我就来到一座淡黄色外墙、有着一大群尖顶的气势磅礴的教堂——塞维利亚大教堂。

塞维利亚大教堂长116米，宽76米，钟楼高达100米，就规模而言，塞维利亚大教堂仅次于梵蒂冈的圣彼得大教堂和意大利米兰大教堂，是世界第三大教堂。由于圣彼得大教堂是拜占庭式教堂，所以就哥特式建筑的规模而言，塞维利亚大教堂排名世界第二，仅次于意大利米兰大教堂。

塞维利亚大教堂建于1402年至1506年。1401年当塞维利亚大教堂开始设计的时候，长老会曾宣称："建造一座永远都举世无双的教堂，当建成它的时候，让前来瞻仰的后人们感叹敢于设计出这样作品的人准是疯了。"

塞维利亚大教堂固然因为宏伟而成为塞维利亚地标式的建筑，但更吸引我的是，这里是哥伦布的长眠之所。我一到那里，就直奔通往哥伦布墓地的那扇门。很可惜，大门紧闭，我刚刚错过了开放时间——下午4时。

我事先曾经看到一幅照片，哥伦布的墓与众不同。通常石棺是平放在教堂的地上，而哥伦布的石棺却被西班牙四个王国的骑士雕像抬着，这四个王国分别是卡斯提尔王国、阿拉贡王国、格拉纳达王国和纳瓦拉王国，充分彰显哥伦布在西班牙的崇高地位。西班牙任何一位君主的墓都未享有这样的待遇。

据传，那石棺里并非哥伦布遗体。哥伦布安葬在多米尼加共和国首都圣多明各，而塞维利亚大教堂石棺里的只是哥伦布儿子迪亚哥的遗体。为了解开这个历史之谜，不得不惊动石棺中长眠多年的死者。相关专家在2005年的时候曾打开塞维利亚大教堂石棺，提取了里面遗体的DNA进行了检测。他们在2007年上半年郑重宣布，塞维利亚大教堂石棺里的遗体确系哥伦布本人。

在塞维利亚大教堂，有一座并不大引人注目的建筑。在拱形大门两侧，是两座仿佛从卡塞雷斯古城搬来的方塔，典型的伊斯兰风格。这便是阿尔卡萨王宫。阿尔卡萨的西班牙原意就是"摩尔人的城堡"，始建于公元913年。可是当摩尔人举起白旗向费尔南德三世投降之后，作为胜利者的费尔南德三世非常喜欢这座"摩尔人的城堡"，将其作为自己的王宫。

塞维利亚的西班牙广场护城河

塞维利亚的西班牙广场

阿尔卡萨王宫的大厅叫哥特宫。在费尔南德三世1252年离世之后，人们在大厅的墙壁上画了一幅巨大的壁画，作为对费尔南德三世的纪念。这幅壁画画的是费尔南德三世临终时，穿一身白袍，瘫跪在地上，牧师在为他做最后的祷告。画面凝重肃穆，令参观者唏嘘不已。

在塞维利亚还很值得一游的是西班牙广场。

在西班牙，几乎每一座城市都有西班牙广场，而塞维利亚的西班牙广场是最大也是最漂亮的。

塞维利亚的西班牙广场是为迎接1929年"伊比利亚美洲博览会"而专门建造的。

"伊比利亚美洲博览会"是一个不大听说的博览会。西班牙为什么花巨资在塞维利亚建造规模宏大的西班牙广场，作为"伊比利亚美洲博览会"会场呢？

顾名思义，"伊比利亚美洲博览会"就是"伊比利亚美洲"的博览会。"伊比利亚美洲"又是什么样的概念呢？

伊比利亚指的是伊比利亚半岛。伊比利亚半岛包括西班牙、葡萄牙、安道尔和英属直布罗陀海峡。"伊比利亚美洲"中的伊比利亚，指的是西班牙与葡萄牙。

美洲主要是指拉丁美洲。更准确地说，就是指当年西班牙与葡萄牙在

塞维利亚的西班牙广场回廊瓷砖画介绍卡斯特利翁海港

哥伦布之墓（资料）

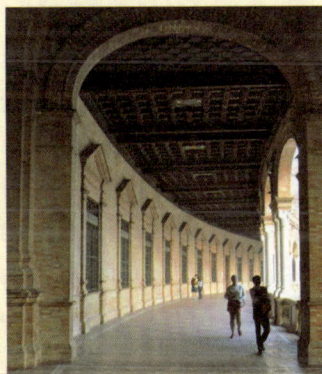

塞维利亚的西班牙广场回廊

拉丁美洲的殖民地。

英国有"英联邦"，即在大英殖民帝国崩溃之后，由英国和已经独立的前英帝国殖民地国家或附属国组成了英联邦。虽说英联邦是一个松散的组织，但是英国可以通过英联邦对联邦其他成员国在政治、军事、财政经济和文化上施加影响。

西班牙、葡萄牙当然也期望有一个"西联邦"、"葡联邦"。这两个国家联合起来，组建类似于英联邦的"伊比利亚美洲共同体"（又称"伊比利亚美洲同盟"）。

"伊比利亚美洲共同体"是在西班牙殖民帝国、葡萄牙殖民帝国解体之后，西班牙与葡萄牙作为宗主国，把拉丁美洲原"西属"国家和"葡属"国家联系、组织起来。这个共同体的共同语言就是西班牙语与葡萄牙语。

借助于1992年纪念哥伦布发现新大陆500周年这个由头，西班牙国王胡安·卡洛斯一世在1990年倡议召开伊比利亚美洲首脑会

议，得到了葡萄牙以及拉丁美洲西、葡语国家的热烈响应。1991年首届伊比利亚美洲首脑会议在墨西哥举行。出席会议的除西班牙、葡萄牙之外，有拉丁美洲18个讲西班牙语的国家，即墨西哥、危地马拉、哥斯达黎加、萨尔瓦多、洪都拉斯、尼加拉瓜、巴拿马、古巴、多米尼加、哥伦比亚、委内瑞拉、秘鲁、厄瓜多尔、玻利维亚、智利、巴拉圭、阿根廷和乌拉圭以及讲葡萄牙语的国家巴西，总共21个国家。会议决定，此后每年举行一次伊比利亚美洲首脑会议，并建立伊比利亚美洲共同体。

2005年10月在西班牙萨拉曼卡举行的第15届伊比利亚美洲首脑会议决定，接纳安道尔为新成员国，于是伊比利亚美洲共同体国家增至22个。

不言而喻，在伊比利亚美洲共同体之中，西班牙是主角。西班牙早就有此打算。早在1929年，当时的西班牙国王阿方索十三世就借助于举办"伊比利亚美洲博览会"，把"伊比利亚美洲"这个牌子打出去，借以联络伊比利亚美洲成员国的感情。正因为这样，阿方索十三世高度重视在塞维利亚举行的"伊比利亚美洲博览会"，要求精心打造作为博览会会场的西班牙广场。

我走进西班牙广场，见到整个广场设计精美，气势非凡。

西班牙广场是一个巨大的圆形广场，广场边沿矗立着褐黄色的主楼、长廊与尖塔。主楼是三层典雅大楼，底层的拱形大门是入口处。主楼两侧是长廊，如同张开的双臂，熊抱着圆形广场，又如同龙口含珠。在长廊两端，是两座高耸的尖塔。主楼、长廊与尖塔以270度包围广场，而90度的缺口，恰好正对浓绿的玛利亚路易莎公园。

圆形广场的中心，是一个大型的喷泉水池。圆形广场与主楼、长廊、尖塔之间，有一条环形人工河，河上架着一座座精巧的桥梁。一艘艘游船，在碧绿的河面飘荡。

上下两层长廊，是当年伊比利亚美洲博览会展出展品之处。我在底层的长廊里，见到58个壁龛——当时西班牙有58个省。每个壁龛都有精美的彩色瓷画，表现这个省的特色与历史。那里是西班牙参加伊比利亚美洲博览会的展台所在处。

在1992年，西班牙借助于哥伦布发现新大陆500周年，在巴塞罗那举办了奥运会，而在塞维利亚则举办了世界博览会。西班牙政府投资了20亿美元在塞维利亚建设场馆，112个国家和地区参加了这一届世界博览会。世博会于1992年4月20日在塞维利亚开幕，历时176天，参观人次达4 181万。1929年伊比利亚美洲博览会和1992年的世界博览会，极大推动了塞维利亚的市政建设和经济发展。

格拉纳达的老城区——阿尔拜辛区

东南之城格拉纳达

从塞维利亚一直向东，行车400多公里，便可以到达西班牙南部的另一个大城市格拉纳达。

格拉纳达市区人口为23万，连同郊区在内为45万。格拉纳达市是格拉纳达省的首府。马德里与格拉纳达相距434公里，有高铁直达。

塞维利亚和格拉纳达位于同一纬度，都是亚热带气候，一个在西班牙西南，一个在西班牙东南。塞维利亚面对大西洋，格拉纳达面对地中海。

格拉纳达给我的印象是：石榴之城+历史转折点+冬夏并存+王宫。

格拉纳达跟石榴有什么关系？

格拉纳达的西班牙文原意是石榴。格拉纳达盛产石榴，被称为石榴之城。正因为这样，西班牙国徽右下角的石榴图案，就是代表格拉纳达——在西班牙统一之前，格拉纳达王国是四个王国之一。格拉纳达王国的首都是格拉纳达，所以石榴也成了格拉纳达王国的标志。

格拉纳达怎么会是历史转折点？

时间坐标定在1492年。这一年对于西班牙来说，既是"终点"，又是"起点"，这"终点"与"起点"都发生在格拉纳达。

在1492年，"双王"伊莎贝拉和斐迪南挥师南下，1月2日天主教徒们

格拉纳达阿卡萨巴城堡

攻下了格拉纳达城，使格拉纳达王国覆灭，从此统一了西班牙。

格拉纳达王国的摩尔人建立的是穆斯林王国。格拉纳达城的易主，意味着摩尔人在伊比利亚半岛800年的统治宣告结束。大而言之，意味着摩尔人在欧洲的统治宣告结束。格拉纳达是摩尔人在西班牙的最后据点，同时也是摩尔人在欧洲的最后据点。

"双王"伊莎贝拉和斐迪南在攻下格拉纳达城的时候，强势地宣布：摩尔人要么留下改信天主教，要么渡过直布罗陀海峡，回到非洲北部去！

"双王"伊莎贝拉和斐迪南在攻下格拉纳达城的时候，还强势地宣布：驱逐所有在西班牙的犹太人！

所以，格拉纳达成为摩尔人和犹太人命运的终点。

格拉纳达在1492年又是什么样的起点呢？

格拉纳达是哥伦布1492年拜见西班牙伊莎贝拉女王的地方，也是伊莎贝拉女王派特使追回哥伦布的地方。所以格拉纳达是哥伦布实现远洋探险宏伟计划的起点，也是西班牙腾飞的起点。就在这年10月12日，哥伦布发现了新大陆，为西班牙迈向殖民帝国开启了大门。

格拉纳达又是怎样冬夏并存呢？

格拉纳达依山傍水，气候多变。在格拉纳达市区，跟在塞维利亚一样，很暖和，我只穿一件衬衫而已。然而格拉纳达却拥有西班牙的最高峰、同时也是伊比利亚半岛的最高峰——海拔3 478米的穆拉森峰，山顶终年积雪。

于是格拉纳达成了冬夏并存的地方：你刚刚在地中海沙滩穿比尼基晒太阳、游泳，驱车半小时到达穆拉森峰顶部，则可以滑雪！

　　像格拉纳达这样冬夏并存的地方，并不多见。正因为这样，格拉纳达很受旅游者欢迎。

　　格拉纳达最受游客欢迎的，还是那座具有极高历史与文化价值的王宫——阿尔罕布拉宫。

　　阿尔罕布拉宫是一颗璀璨的伊斯兰建筑明珠，静静地卧躺在格拉纳达市东南部的太阳山730米高的山脊上。凡是来到格拉纳达的游客，第一目标就是游览阿尔罕布拉宫。然而，为了保护古建筑，阿尔罕布拉宫最精彩的部分——中庭，又称内院，每天的游客人数严格控制为6 000人。因此很多游客只能游览阿尔罕布拉宫的外围，无法进入核心。我很荣幸，饱览了阿尔罕布拉宫的里里外外。

　　阿尔罕布拉宫的阿拉伯语原意是"红堡"，因为这是一座用红色砂岩砌成的城堡。阿尔罕布拉宫四周用30米高的坚实的红色砂岩城墙围住，如同铁壁铜墙。在"红墙"上，还耸立着高高的方塔，塔顶是锯齿形垛口，差不多是卡塞雷斯古城的城墙的"拷贝"，清一色的伊斯兰风格。

　　我从"红墙"的城门走进去，迎面就是要塞。当年卫兵所住的营房已经不在了，只剩下一个个营房的墙脚，还能依稀看出当年卫兵阵营之盛

格拉纳达阿卡萨巴城堡

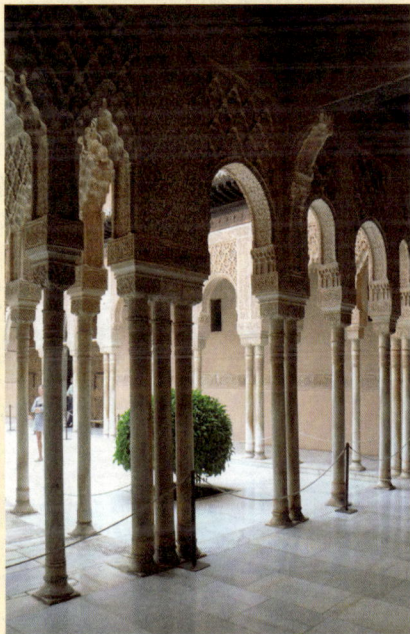

阿尔罕布拉宫有许多淡黄色的长廊，由许多圆柱、圆拱门或者尖拱窗组成

大。内中最高的方塔，是圣尼古拉斯瞭望台。我沿着圣尼古拉斯方塔里窄而陡的石阶梯往上走，在转弯处要等上面的游客走过之后才能继续登梯。终于到达50米高的方塔之顶，豁然开朗。顶上山风很大，吹得那里的欧盟旗帜以及西班牙国旗"哗哗"作响，我得以亲身体验当年卫兵们在那里居高临下瞭望的情形。

从方塔朝里看，整个要塞那一大片赭红色的建筑都在视野之中。从方塔朝外看，格拉纳达的老城区——阿尔拜辛区，尽收眼底。阿尔拜辛区挤满密密麻麻阿拉伯风格的老房子，白墙，浅褐色屋顶，或两层，或三层。窄窄的街道，几乎被房屋所淹没。只有院子里高高的塔松在房屋的海洋中"钻"出，给市区白、褐两色增添了第三色——浓绿。法国作家雨果曾这样赞美格拉纳达："没有一个城市，像格拉纳达那样，带着优雅和微笑，带着闪烁的东方魅力，在明净的苍穹下铺展"。

来自北非的摩尔人，给格拉纳达抹上浓重的伊斯兰色彩。强悍的摩尔人渡过直布罗陀海峡，征战伊比利亚半岛。711年，摩尔人在伊比利亚半岛占领的第一座城市，就是格拉纳达。此后他们席卷伊比利亚半岛，向北挺进法国边境，但是被阻击于比利牛斯山以南而未能进入法国。格拉纳达成为伊比利亚伊斯兰文化的中心，在当时格拉纳达人口激增至40万。

此后，天主教的势力在伊比利亚半岛从北向南推进，穆斯林的势力逐渐向南退缩，偏安于格拉纳达一隅。格拉纳达成为摩尔人在伊比利亚半岛

格拉纳达阿卡萨巴城堡雕塑

最后的地盘，直至1492年被西班牙"双王"攻陷。摩尔人统治格拉纳达将近8个世纪。

阿尔罕布拉宫是西班牙伊斯兰建筑艺术瑰宝。1238年，伊斯兰奈斯尔王朝的缔造者——穆罕默德一世下令建造阿尔罕布拉宫作为王宫。

阿尔罕布拉宫的特色是处处有水，或喷泉，或小水池，这是伊斯兰教的特点。穆斯林很讲究在做祷告前要净身净手。

在阿尔罕布拉宫的核心内院，有两个用大理石铺砌的大水池，水面似镜，四周的柱廊、宫殿都倒映其中。这使我记起印度的泰姬陵，也是采用这样的设计，只是泰姬陵的规模更大。

这个拥有水池的大院，有一个优美的名字，叫做"桃金娘宫院"。那是因为水池两侧种植了桃金娘花树篱而得名。粉红色的桃金娘花又多又密，花期极长，往往用来比喻爱情天长地久。在中国，桃金娘花则是一种中药。

阿尔罕布拉宫有许多淡黄色的长廊，由许多圆柱、圆拱门或者尖拱窗组成。纤巧的立柱、优雅的拱券，装饰极其精美的浮雕图案，这些都是伊斯兰建筑的特色。这些图案，据称是将珍珠、大理石等磨成粉末，再混入泥土，配以金丝、银丝，由能工巧匠精心堆砌雕琢而成，显得非常华丽。这样，使得人们身在阿尔罕布拉宫，如同处于艺术之殿堂。

阿尔罕布拉宫另一处很有特色的庭院，地面铺着灰白色的大理石，而庭院中心是一个巨大的大理石圆形水盘，这水盘是由12只石狮"扛"着，所以叫做"狮庭"。泉水从圆形水盘涌出，然后从石狮的口中泻出，注入大理石地面的水槽，再沿着长廊的柱脚之侧水槽淙淙而流，充分显示伊斯兰宫廷处处有水的特色。狮庭设计之巧妙，可见一斑。

在内院的达拉哈中庭和雷哈中庭，从壁脚板、墙身、横饰带到尖拱窗，无一处不精雕细刻。

当摩尔人在格拉纳达败北之后，1527年西班牙国王卡洛斯五世下令在阿尔罕布拉宫之侧修筑他的夏宫。卡洛斯五世王宫是一座与阿尔罕布拉宫风格迥然不同的西式建筑。卡洛斯五世王宫是用浅黄色砂岩建造的，外方内圆，里面是圆形中庭，上下两层，一根根圆柱整齐排列着。

走出阿尔罕布拉宫，走出格拉纳达老城，我的面前是玻璃幕墙大楼，是宽敞而又车流不息的街道——格拉纳达新城，完全是另一番景象。

格拉纳达给我留下无比美好的印象。此后，每当我忆及格拉纳达，不由得记起在阿尔罕布拉宫的城墙上刻着的这样一句诗：

"世上没有比出生在格拉纳达却是个瞎子更悲惨的遭遇了。"

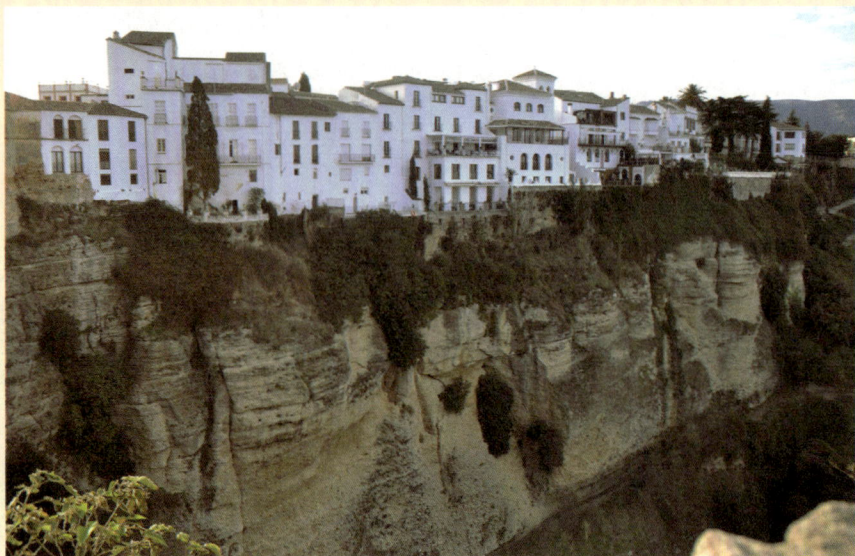

建在悬崖上的小城龙达

小城龙达与海明威

一座小小的山城，坐落在西班牙南部塞维利亚与格拉纳达之间，马拉加省西北部腹地，总共只有4万人口。城很小，又偏僻，然而专程前来游览的各国游客却纷至沓来，络绎不绝。

汽车驶近小城之际，便见到"Ronda"路标。Ronda，中译名通常为龙达，也有的译为隆达。

龙达，知名度并不高，比不上南方大城塞维利亚、格拉纳达，也不像托莱多、卡塞雷斯那样拥有世界文化遗产头衔的古城。然而龙达却拥有三个美名：

一曰"悬崖上的白色小城"；

二曰"最适合私奔的地方"；

三曰"斗牛的发源地"。

对于第一、第三两个赞誉之词，一看就明白。可是，"最适合私奔的地方"从何说起？

龙达

这话出典于美国著名作家海明威的作品。他在小说《午后之死》中写道：

> 如果你想要去西班牙度蜜月或者跟人私奔的话，龙达是最适合的地方，全部城市目之所及都是浪漫的风景……

海明威有着浓厚的西班牙情结。我在2014年走访过位于美国佛罗里达西礁岛上的海明威故居，那便是一座西班牙风格的两层小楼。海明威多次从美国飞越大西洋前往西班牙，很喜欢龙达这座小城，曾经在这里长住。他的话，透露出两层意思：一是龙达到处都是"浪漫的风景"，二是龙达远离人间烟火，"私奔"到那里，不容易被人发现。

我从塞维利亚向东，驱车127公里前往龙达，沿途山峦起伏，随处可见一丛丛的墨绿色的橄榄树。运气不错，那天蓝天白云，金色的阳光洒满大地。

跟西班牙许多历史悠久的城市一样，龙达分为新城与老城。我先是抵达龙达新城。汽车在龙达新城的停车场停下之后，我沿着龙达新城的主干道，朝老城走去。

龙达新城看来普普通通。主干道两侧，大都是三层楼房，或白色，或黄色。

我走讨龙达大教堂，这是一座巴洛克风格建筑，白墙，镶着黄色边沿。

我走过龙达公园，公园里浓绿的树拥着淡黄色的路，赏心悦目。

不过，教堂和公园，也都平平常常。

我走过龙达新城的桥头广场——西班牙广场，中间一圈鲜花围着一个青铜半身铜像，广场很小，同样平平淡淡。

西班牙广场之侧，有一幢米黄色的两层大楼，底层围着一圈圆拱门长廊，是当年的龙达市政厅，如今改成了宾馆。这样的楼房，在西班牙并不稀罕。

当我走向那座大桥时，站在桥头，俯身一看，顿时被眼前的景色深深震撼，这是走遍西班牙未曾见过的：在我的脚下，竟是万丈深渊！深渊两侧，悬崖陡立，峭壁万仞，而在峭壁之上，居然层层叠叠着许许多多白色墙壁的百年老屋。

哦，这就是"悬崖上的白色小城"，这就是龙达！

难怪，龙达小城如同磁石，吸引着无数游客的目光。

海明威这样描述龙达的风光："幢幢白色屋舍盘踞在直上直下的崖壁上，当凌晨灯光熄灭的一瞬，整个小镇似乎都消失在淡蓝的晨曦里，你会

龙达大教堂是一座巴洛克风格建
筑，白墙，镶着黄色边沿

龙达狭谷新桥

怀疑眼前的是否是一幅大银幕。"

　　那万丈深渊，名叫瓜达莱温河谷（又称瓜达莱温峡谷）。瓜达莱温河
是西班牙南部的一条湍急的河流，流经马拉加省，在塞古拉注入瓜迪亚罗
河。流经龙达时，从悬崖峭壁中奔腾而过，形成了瓜达莱温河谷。

　　瓜达莱温河谷的实际深度是120米。一座名叫新桥的100多米长的三孔
拱桥飞架于上。这座桥于1735年开始修建，花费9年时间，历尽千辛万苦，
终于建成，没有想到在竣工6年之后意外倒塌。人们从中吸取教训，百折不
挠，在1751年再度动工，一步步打牢基础，在1793年建成，历时42年，其
中的艰难可想而知。

　　龙达新桥并不新，距今也有200多年，却老而弥坚。建桥时，汽车尚
未诞生，桥面上只有马车驶过，而如今一辆辆汽车来来往往于这座拱桥之
上，安然无恙。

　　龙达新桥之所以叫做新桥，是因为离新桥不远处有一座建于1616年的
老桥。老桥选址于峡谷两岸最近处，桥拱直接坐落在岩石上，比新桥小得
多，短得多，如今只供行人步行，承受不了汽车的重量。

　　龙达新桥这一头是龙达新城，过了桥则是龙达老城。新桥之上以及新
桥两侧，是观赏瓜达莱温峡谷的最佳之处。那像刀削的悬崖，笔直挺立。
好多幢白色的房子的墙，几乎跟悬崖在一个平面上。我真担心，万一遭遇
地震，那将多么危险。从最高的悬崖顶上到峡谷谷底深750米！

　　据说，早在3 000多年前的罗马帝国时代，就有人在这里居住。他们

为什么到如此荒凉、危险的地方生活呢？他们要么是避免战乱，要么是遭到不同教派迫害而无处可躲的人。但是，这里的风景确实一枝独秀，他处难觅。到这里落脚的人，竟渐渐多起来。这里没有车马喧喧，没有凡尘滚滚，喜欢静谧、孤单，喜欢与自然为伍的人，也就喜欢这个地方。他们逐渐建成了龙达老城。

龙达老城的居民们齐心协力，排除万难，征服天险，终于建成了龙达老桥。此后又更上一层楼，建成龙达新桥。他们在龙达老城对岸，建成了龙达新城。

人多了，变杂了。外界的剑拔弩张的争斗，也延伸到这个原本不食人间烟火的小城。

海明威的长篇小说《丧钟为谁而鸣》，重笔浓墨写了龙达小城在二战中的激烈斗争：拥护共和的民众逮捕了数百名亲法西斯的市民，把他们押到龙达峡谷，推下了悬崖，引来众多的乌鸦在谷底盘旋！

海明威 ——斗牛"粉丝"

龙达吸引无数游客，除了"悬崖上的白色小城""最适合私奔的地方"之外，还因为这里是西班牙的"斗牛的发源地"。

在龙达新城，在龙达大教堂之侧，我见到围着白色高墙的圆柱形硕大建筑，那便是龙达斗牛场。

斗牛是西班牙的国粹，斗牛士在西班牙是最受崇拜的英雄。西班牙许多城市都有斗牛场。比如，在巴塞罗那，在塞维利亚，我都看到巨大的斗牛场。据统计，在西班牙有大大小小300多个斗牛场。在斗牛场门口，通常都矗立着斗牛士全身铜像。可是龙达斗牛场却与众不同，除了有斗牛士的铜像之外，居然有美国作家海明威的浮雕铜像。

在龙达斗牛场前，为什么要矗立海明威铜像？

这是因为海明威还曾经被龙达斗牛场的斗牛深深吸引，成为斗牛最热心的"粉丝"，在龙达长住。

海明威最初是因为他的画家朋友亨利•斯克雷德谈起西班牙的斗牛，对斗牛这"死亡游戏"产生浓厚的兴趣。1923年，海明威携妻子哈德莉以及出版商罗伯特•麦克阿尔蒙前往西班牙，为的是亲眼目睹场面惊险、惨烈的

龙达斗牛场

海明威（资料）

安东尼·奥德涅斯

斗牛。有人劝海明威，哈德莉已有五个月身孕，观看血淋淋的斗牛对孩子不利。海明威却不以为然。在海明威看来，孕妇观看斗牛是极好的胎教，使未来的儿子成为真正的男子汉。1923年10月20日，海明威在《多伦多星报》上发表随笔《斗牛不是运动，是一场悲剧》，说这是"我第一次看斗牛"。

海明威在1923年、1932年、1937年、1959年四度从美国前往西班牙。每一次都不失机会欣赏西班牙的斗牛。

海明威在他的作品中，多次写及斗牛。他在《午后之死》开头就写道：

战争结束了，现在你能看到生与死——即是说暴力造成的死——的唯一地方，就是斗牛场了，所以当时我非常想到西班牙去，到了那里我就可以对暴力造成的死加以研究。

他还写道：

175

　　一个国家要热爱斗牛，必须具备两个条件。一个是那里必须饲养公牛，二是那里的人必须对死感兴趣。

　　他的下面这句话，甚至被收入多种"名人名言"图书之中：

　　生活与斗牛差不多。不是你战胜牛，就是牛挑死你。

　　像海明威这样对于斗牛的内涵有着深刻理解的人，并不多。正因为海明威多次在龙达斗牛场观赏斗牛，并且在他的作品中生动地写及斗牛，所以在龙达斗牛场，他的铜像是与斗牛士的铜像并列。

　　据考证，在西班牙阿尔达米拉岩洞中发现的新石器时代的岩壁画里，就有人与牛搏斗的描绘。后来，在西班牙有着杀牛祭神的宗教风俗。此后民间有斗牛表演，只是很零散而已。

　　正儿八经地建造斗牛场，让斗牛"正规化"，则首推龙达。龙达斗牛场是西班牙最古老的斗牛场，建于1785年，所以被称为"斗牛的发源地"。

　　龙达斗牛场属于"古董级"，不大，上、下两层，环绕看台有68根圆柱，是仿照格拉纳达阿尔罕布拉宫旁的卡洛斯五世宫建造的。只要把两者的照片对照一下，就发觉非常相似。龙达斗牛场只能容纳5 000名观众，而且是坐在条石上看斗牛，没有靠背。不过，在200多年前，在这么偏僻的小城，能够有5 000名观众（大部分来自外地）涌进龙达斗牛场观看斗牛，已经是够壮观的场面了。这个斗牛场直至今日仍在使用。从每年的3月到10月这长达7个月的日子，是西班牙的斗牛季，通常以星期日和星期四为斗牛日。龙达斗牛场在斗牛季里组织斗牛，仍场场爆满。在没有斗牛的日子，龙达斗牛场则供游客参观。

　　龙达斗牛场建成之后，第一个登场的斗牛士，是31岁的佩德罗•洛梅罗（Petro Remero，1754-1839年）。他是龙达当地人。斗牛被称为"死亡芭蕾"，不时传出斗牛士受伤或者死亡的消息，而佩德罗•洛梅罗身手敏捷，一生之中杀死6 000头公牛而从未失手一次，毫发无损。这样，他成了西班牙斗牛士中最杰出的代表，最受人崇敬的英雄。我在龙达新城看到了佩德罗•洛梅罗的全身青铜雕像。他镇定自若地目视前方，左手持短剑以及红布，随时准备投入与公牛的决斗。在铜像的底座上，不仅刻着他的姓名，而且还刻着"1754-1954"，亦即他的200周年诞辰纪念。

　　佩德罗•洛梅罗能够掌握极其高超的斗牛技巧，得益于他的家族。他的祖父弗朗西斯科•洛梅罗便是斗牛士，首创使用披风和红布斗牛，被誉为西

龙达斗牛场大门右侧铜像为奥德涅斯家族父亲卡耶塔诺−奥德涅斯，左侧铜像为安东尼−奥德涅斯

班牙职业化斗牛的鼻祖。他的父亲也是斗牛士。洛梅罗家族不仅在龙达家喻户晓，而且在整个西班牙都赫赫有名。这个家族的斗牛绝技，代代相传。

龙达的另一个斗牛士家族是奥德涅斯家族。在龙达斗牛场大门右侧，便矗立奥德涅斯家族父亲卡耶塔诺•奥德涅斯（Cayetano Ordóñez）的铜像，而左侧则为儿子安东尼•奥德涅斯（Antonio Ordóñez）的铜像。奥德涅斯家族的斗牛绝技也代代相传。

海明威从美国万里迢迢来到龙达，为的是一睹洛梅罗家族和奥德涅斯家族的斗牛英姿。

海明威曾经这样详细写及洛梅罗家族斗牛士的惊心动魄的斗牛场面：

在斗牛场中央，洛梅罗面对着公牛，从红巾褶缝里抽出短剑，踮着脚，目光顺着剑刃朝下瞄准。随着洛梅罗朝前刺的动作，牛也同时扑了过来。洛梅罗左手的红巾落在公牛脸上，蒙住它的眼睛，他的左肩随着短剑刺进牛身而插进两只牛角之间，刹那间，人和牛的形象混为一体了，洛梅罗耸立在公牛的上方，右臂高高伸起，伸到插在牛两肩之间的剑的柄上。接着，人和牛分开了。身子微微一晃，洛梅罗闪了开去，随即面对着牛站定，一手举起，红色剑柄死死地插在公牛的双肩之间，它脑袋往下沉，四腿瘫软……

海明威称洛梅罗斗牛"好像是一场斗牛的示范教程。他把全部动作贯穿在一起，做得完整、缓慢、精炼、一气呵成。不耍花招，不故弄玄虚。没有草率的动作。每到一个回合的高潮，你的心会突然紧缩起来。"

在海明威看来，斗牛是精美绝伦的艺术。他说，"斗牛是唯一一种使艺术家处于死亡威胁之中的艺术。"

在龙达斗牛场，我得知关于斗牛的若干细节：

过去我只听说，牛见了红色会发怒，所以斗牛士往往在公牛前面晃动红布，惹怒公牛，与之决斗。其实，牛是色盲，但是见了谁在眼前晃动、抖动布会发怒；

在斗牛士上场之前，先由三个斗牛士的助手引逗公牛，让公牛在斗牛场飞奔，消耗体力。然后骑马带甲的长矛手出场，用长矛头刺扎公牛背颈部，刺破血管。这时，斗牛士才持红巾、短剑上场，与公牛周旋，伺机用短剑直刺公牛心脏，置公牛于死地；

斗牛场的地面，铺着黄沙，为的是公牛被斗牛士刺中之后鲜血直流，被黄沙吸收。如果是水泥地，很容易使斗牛士滑倒。再说，斗牛结束之后，清理黄沙上的血迹也方便，往上再撒些黄沙就行；

对于斗牛士的奖励——表演得好，可得一牛耳。表演精彩，可获双牛耳。表演特别成功，另加牛尾。

西班牙著名画家毕加索也是斗牛"粉丝"，他8岁时画的第一幅画便是斗牛士；西班牙有句俗语，"西班牙人干什么都不准时，只有斗牛准时！"

除了斗牛之外，西班牙的另一国粹是弗拉明戈（Flamenco）。有人说，弗拉明戈在西班牙的地位，犹如京剧在中国的地位。

弗拉明戈集弹、歌、舞于一炉。弹，就是弹吉他；歌，就是歌唱；舞，就是"全身动作+脚打节奏"的舞蹈。

我感到很奇怪，弗拉明戈的西班牙文原意是"逃跑的农民"！原来，弗拉明戈是来自吉普赛人的艺术。当天主教徒统一西班牙之后，排斥摩尔人、犹太人，也排斥吉普赛人，使他们成了"逃跑的农民"。吉普赛人以"捶胸顿足"的舞蹈来表达心中的情感。这种来自草根、来自平民的歌舞，后来经过改良，注入高雅、华丽的元素，"逃跑的农民"登上大雅之堂，成为王公贵族也很喜欢的艺术，最终成为西班牙的国粹。

在弗拉明戈歌手、吉他手、舞者三者之中，舞者是主角。

弗拉明戈经过华丽化妆之后，女子舞者定型为头发向后梳成光滑的发髻，穿艳丽的紧身胸衣和多层饰边的裙子。男子舞者定型为穿紧身黑裤子、长袖衬衫，加一件饰花的马甲。

弗拉明戈最初是女子独舞，是吉普赛人在咖啡馆、街头、广场随意歌舞，抒发"逃跑的农民"胸中的愤懑与不平。后来发展为男女对舞，直至后来成为群舞，组成专门的弗拉明戈表演乐团，在王宫、在正规的剧场演出，甚至作西班牙艺术的代表参加国际性演出。

弗拉明戈的特点是强烈的节奏感。舞者或用脚踏击，或捻动手指发出响声，或手持响板敲击而舞。

弗拉明戈体现了西班牙人的热情与奔放，这与斗牛中闪现的西班牙人的热情与奔放异曲同工，不谋而合。正因为这样，斗牛与弗拉明戈成为西班牙的两大国粹，鲜明地表达了西班牙的民族特色，成为世界文化瑰宝。

地中海美丽小镇米哈斯

其实，"最适合私奔的地方"的白色小城，不光是龙达。从龙达驱车92公里，来到安达卢西亚省南部的太阳海岸，便可以到达另一座远离尘世的白色小镇，叫做米哈斯。

米哈斯的西班牙文为MIJAS，似乎应当音译为米杰斯，但是由于中间的J是发H音，所以音译为米哈斯。

跟龙达险峻的悬崖峭壁相反，米哈斯这个小镇静静地横卧在地中海畔的缓缓的山坡上。山坡的最高处也不过海拔423米。

米哈斯通常被称为"白色小镇"，因为小镇里的所有房子的外墙都是纯白色的。但是在我看来，称之为"美丽小镇"更加合适：白色并非米哈斯的全部色彩。白墙、红瓦、绿树，再加上湛蓝的地中海，这白、红、绿、蓝四种基本色组合成了米哈斯，这才充分显示了小镇的美丽。

米哈斯的美丽还在于依山傍海。一幢幢别墅，星罗棋布在山坡上，迎着地中海潮润的海风，沐浴在亚热带的阳光下。房前屋后，石子路两侧，拥立着随风摇曳的棕榈树、椰子树。间或从别墅敞开的窗户，传出吉他弹奏声。这里充分展现西班牙南方海滨的迷人风情。

米哈斯是一座有上千年历史的古镇，很早就有人在这里居住。我来

白墙、红瓦、绿树，再加上湛蓝的地中海，这白、红、绿、蓝四种基本色组合成了米哈斯

到位于山顶的佩尔圣母礼拜堂。这座土黄色的礼拜堂，看上去外貌像古城堡，是用石头垒成的。只不过大门之上一口高悬的铜钟，表明这儿是教堂。这座礼拜堂倚着山顶石壁而建，建于公元16世纪，至今已经有将近500年的历史了。

如今，米哈斯小镇以其美丽吸引四方来客，所以宾馆、饭店、商场一应俱全，很多欧洲人喜欢在这里小住度假。

米哈斯小镇干干净净，清清爽爽，环境整洁，空气清新，令我一到这里，便有一种愉悦之感。

这里的白色房子几乎都有宽敞的黑色铁栏杆的阳台，很多人家在阳台上种满鲜花。

在米哈斯小镇的中心，有一观景台。在那里，可以凭栏远眺地中海，米哈斯小镇的错落精致的白色别墅也尽收眼底。

观景台上最吸引人的是一匹铜驴，旁边有一台阶，游客可以从台阶上去，骑在铜驴之上，摆出各种姿势留影。

驴，为何成为米哈斯小镇的"吉祥物"？

原来在古代，这里交通闭塞，家家户户养驴，骑着毛驴在羊肠小道进进出出，上坡下坡，或者用驴拖车，运输货物。如今，米哈斯小镇的驴车成了特殊的游览车。就在铜驴下方，便有诸多毛驴肃立，等待游客乘坐驴车游览小镇。

虽然米哈斯小镇没有海明威那样的名人光顾，但是凭借着自身的美丽，其游客不少于龙达。

塞万提斯·风车小镇

　　我记得一件趣事：有一天，我在上海图书馆忽然见到阔别多年的大学女同学，我脱口而出，喊了声"堂·吉诃德"，她不高兴地嗔道，"毕业这么多年了，还喊我外号！"她，又高又瘦，所以得此雅号，以致我多年之后遇见她，一时记不起她的名字，所以还是习惯于叫她绰号"堂·吉诃德"。

　　"堂·吉诃德"，又瘦又高的老头儿，挥舞着长矛，向风车发动进攻——西班牙作家塞万提斯·萨维德拉（1547-1616年）的名作《堂·吉诃德》中的主人公，鲜明的人物形象曾经深深地烙在我和我的同学们的脑海之中。

　　美国作家海明威成了西班牙斗牛士的"粉丝"，在西班牙为人们津津乐道。然而西班牙人最为推崇的作家，便是本土作家塞万提斯，他开创西

小镇康苏埃格拉

方近代小说之先河，被誉为"现代小说之父"。

塞万提斯在世界文坛享有崇高的地位。联合国教科文组织把每年的4月23日定为"世界读书节"，选择4月23日这个日子，是因为这一天同为塞万提斯和英国著名作家莎士比亚的忌日。

塞万提斯的代表作是长篇小说《堂·吉诃德》，共两部，第一部出版于1605年，第二部出版于1615年。

塞万提斯的《堂·吉诃德》，曾经受到各国文学大师们的高度评价：

德国诗人海涅："塞万提斯、莎士比亚、歌德成了三头统治，在叙事、戏剧、抒情这三类创作里分别达到登峰造极的地步。"

法国作家雨果："塞万提斯的创作是如此的巧妙，可谓天衣无缝；主角与桑丘，骑着各自的牲口，浑然一体，可笑又可悲，感人至极……"

德国作家歌德："我感到塞万提斯的小说，真是一个令人愉快又使人深受教益的宝库。"

英国诗人拜伦："《堂·吉诃德》是一个令人伤感的故事，它越是令人发笑，则越使人感到难过。这位英雄是主持正义的，制伏坏人是他的唯一宗旨。正是那些美德使他发了疯。"

俄罗斯作家别林斯基："在欧洲所有一切著名文学作品中，把严肃和滑稽，悲剧性和喜剧性，生活中的琐屑和庸俗与伟大和美丽如此水乳交融……这样的范例仅见于塞万提斯的《堂·吉诃德》。"

我来到西班牙之后，第一次"见"到塞万提斯，是在首都马德里的西班牙广场。这个广场，离西班牙王宫不过咫尺之路。这个广场是专为纪念塞万提斯而建的，所以又叫塞万提斯广场。

广场的中心，是一座高大的白色大理石纪念碑。西班牙的纪念碑通常有骑马的将军或者国王的铜像，高高站在纪念碑的顶上，目空一切地傲视前方。眼前的这座纪念碑显得很另类，纪念碑的碑顶，是一个巨大的地球，地球下方坐着一群普通男女，手里都捧着一本书。

纪念碑前，倒是有骑马的青铜像，只是那匹马老而瘦，而骑者虽手执长矛，却高而瘦，全然没有那种指挥千军万马的将军或者国王的气度。尤其是在骑马者之侧，有一骑驴者的青铜雕像。那骑者矮而胖，一点也没有军人气质，何况哪有将军骑驴之理？

在纪念碑正中，一个不高不矮的人，倒是泰然而坐。此人光头长须，

风车小镇康苏埃格拉

目光注视着前方的一马一驴，身穿一件高圆领大氅。他的右手没有持刀剑，却是放在两本厚书之上。

他，便是塞万提斯。骑马者，乃塞万提斯笔下的人物堂·吉诃德。骑驴者，乃堂·吉诃德之仆桑丘·潘沙，同样是塞万提斯笔下的人物。

在纪念碑一左一右，有两尊女人的大理石雕像，乃堂·吉诃德的两位女友：左为堂·吉诃德的女管家、平凡的村姑阿尔东沙·罗任索，右为堂·吉诃德臆想中的美丽的夫人杜尔西内娅·台尔·托波索。

在纪念碑正前方是一个长方形的水池。站在水池前，那纪念碑的倒影清晰地落在水面。

在纪念碑的背面，正中坐着塞万提斯夫人卡塔利娜·德萨拉萨尔的白色大理石雕像，同样手持书本，一副手不释卷的样子。

在纪念碑背面的正前方，是圆形喷泉。

在我看来，这座塞万提斯纪念碑，可谓多角度尽善尽美地体现了塞万

骑马者，乃塞万提斯笔下的人物堂·吉诃德。骑驴者，乃堂·吉诃德之仆桑丘·潘沙，同样是塞万提斯笔下的人物

马德里的西班牙广场（又称塞万提斯广场）

骑马者，乃塞万提斯笔下的人物堂·吉诃
德。骑驴者，乃堂·吉诃德之仆桑丘·潘
沙，同样是塞万提斯笔下的人物

提斯的形象。

　　纪念碑大部分修建于1925年到1930年，全部完成是在1957年。

　　我不由得记起，在英国也为莎士比亚修建了一座纪念碑，莎士比亚高高坐在纪念碑上，而碑的四周是莎士比亚笔下的人物的雕像。不过，那座纪念碑不是建造在伦敦市中心，而是在莎士比亚的故乡。西班牙为塞万提斯在首都马德里市中心建造如此宏大的纪念碑，足见西班牙对于这位国宝级的作家的高度敬重。

　　我在马德里南面2小时车程的一个小山村，再度"拜访"塞万提斯。

　　小镇名叫康苏埃格拉（Consuegra），位于西班牙卡斯蒂利亚·拉曼查大区。康苏埃格拉小镇又叫风车小镇，因为小镇后面一座起伏的山丘上，总共有11座大大小小的风车和一座废弃的城堡。

风车小镇，就是塞万提斯在《堂·吉诃德》中所写的堂·吉诃德大战风车的所在地，于是名闻遐迩。

塞万提斯在《堂·吉诃德》中写及堂·吉诃德这人，"将近五十岁，身段颀长，面孔瘦削，有一匹瘦马，还有一支长矛，一面旧盾，家中有一个四十来岁的女管家，一个二十来岁的外甥女，还有一个帮工，一般生活可以维持，但并不太富裕。他有一个嗜好是喜读骑士小说，读得入迷了，不打猎，不管家事，后来竟然把土地卖了去买这类书，并见人就与人议论书中的义理。从黑夜到白天，从白天到黑夜，他每天这样谈，以致脑汁渐渐枯竭下去，终于失掉了理性。他脑子里满是魔法、战车、决斗、挑战、受伤、漫游、恋爱、风波以及书中种种荒唐无理的事，凡是书中所写的他都信以为真。于是突发奇想，为了增进自己的声名利谋求公众的福利，他要去做游侠骑士，把书中见到的都实行起来，去解救苦难，去亲历危险，去建立功业。"

在堂·吉诃德出游时遭遇的种种奇遇，以"大战风车"最为奇特。他和仆人桑丘在郊野遇见了三四十架风车。堂吉诃德却把它们当作三四十个巨人，要上前厮杀。"尽管桑丘大喊这是风车，要阻挡他，但他脑子里装满了妖魔鬼怪一类的东西，连理也不理。他向第一架风车扑去，用长枪刺进了风车的翅翼。可那风车把他连人带马甩了出去。亏得桑丘上来搀扶，他才好不容易从地上爬了起来。"

塞万提斯是在游历了风车小镇康苏埃格拉之后，写了"大战风车"那一章。随着《堂·吉诃德》成为名著，前来风车小镇康苏埃格拉探访的人也渐渐多了起来。小镇政府也干脆把小山上的风车、城堡加以整修，成为旅游景点。

塞万提斯是世界公认的文学大师。其实，塞万提斯一生坎坷。他曾经担任军队的军需官，却在1591年遭到诬告，被控"账目不清"而入狱。出狱之后担任格拉纳达税史，又因遭人指控"私吞钱财"，再度锒铛入狱。他在艰难困苦之中写出《堂·吉诃德》。1616年因身患严重水肿而病逝，享年69岁。死后不知葬身何处。

2015年3月17日，据西班牙《世界报》报道，专家在马德里市中心的特里尼塔里亚斯教堂的地穴中，发现一些棺木碎片，其中一片刻有"M·C"字样，被怀疑是米格尔·塞万提斯(Miguel Cervantes)的姓名开头字母组合。经过法医和相关人员考证，表明那是塞万提斯的遗骸。另外还发现了塞万提斯的妻子卡塔利娜·德萨拉萨尔的遗骸。

塞万提斯夫妇的遗骸是否会被安葬在马德里的塞万提斯广场，尚不得而知。

佛罗里达西礁岛的古巴餐馆挂着古巴图片

西班牙海鲜饭

西班牙 "国饭" —— 海鲜饭

康苏埃格拉小镇在每年10月末要举办藏红花节。在这个节日里，小山上的风车都要转动起来，以庆祝当地盛产的藏红花的丰收。

我不知藏红花为何物，直至吃了西班牙的"国饭"—— 海鲜饭，这才知道藏红花乃海鲜饭的"灵魂"。

美国佛罗里达的迈阿密离古巴很近，有许多古巴侨民，因而也就有许多古巴餐馆。我在那里的古巴餐馆吃过海鲜饭。我在《畅游加勒比海》一书中写及：

等了一会儿，一位身体壮硕、皮肤黝黑的年轻侍者推着不锈钢小车来了，车上放着一个不锈钢锅子，盖得严严实实。他一掀开锅盖，顿时带着浓烈的海鲜味的饭香四溢。我一看，锅里黄、绿、红、白四色杂陈：那黄色的，是黄饭——在米饭中加了姜黄（一种类似于生姜的天然香料，但是没有辛辣味），还加了咖喱。古巴人喜欢吃黄饭；绿是新鲜豌豆；红是古巴产的大龙虾；白色则是墨鱼片、蟹肉以及鱼块。我终于吃到香气袭人而又鲜美可口的"古巴大餐"海鲜饭。

这一回到了西班牙，我才知道古巴海鲜饭，其实就是西班牙海鲜饭。古巴曾是西班牙的殖民地，西班牙人到了古巴，喜欢做海鲜饭，于是也就成了古巴餐馆的"招牌饭"。

西班牙海鲜饭的名气很大，与法国蜗牛、意大利面齐名，被称为"西餐三大名菜"。又与中国的扬州炒饭、意大利烩饭一起，被誉为"世界三大名饭"。

我在巴塞罗那品尝了西班牙海鲜饭。

侍者先是送上一盘外壳青黑的淡菜，一盘蛏子炒大虾、一盘沙拉作为前菜，还送来一杯西班牙产的红葡萄酒。

"主角"终于上场。侍者端来带双耳的平底浅口大圆铁锅，掀开盖子之后，香气扑鼻而来。锅里是黄色的米饭，还有种种海鲜，包括虾、鱼、蛤蜊、鱿鱼、鲜贝等等。我尝了一下，味道跟古巴海鲜饭相似——古巴海鲜饭本来就是西班牙海鲜饭的"古巴版"。

西班牙海鲜饭，用的是当地产的籼米，不粘不糊。不过，籼米是雪白的，怎么会变成黄色的呢？那就是加了藏红花的缘故。

在中国，藏红花是名贵的中药，据称有镇静、祛痰、解痉作用。藏红花这名字，很容易令人误会，以为出自西藏。其实西藏并不产藏红花。藏红花原产于西班牙、希腊、伊朗等欧洲及中东地区，当地用作香料。因最初是从西藏输入中国，故得名藏红花。

藏红花又名番红花、西红花，虽名为红花，实际上有紫花、蓝花、白花，用水浸汁，橙黄色。海鲜饭中加藏红花，香气四溢，而且解腥。正因为这样，西班牙海鲜饭之中，藏红花是不可或缺的。

西班牙海鲜饭的西班牙文为Paella，音译为"巴埃亚"，原意是平底锅，因为西班牙海鲜饭都是用平底锅做的。

讲究的西班牙海鲜饭不是加水，而是加鸡汤或者鱼汤，慢慢焖30-45分钟。不言而喻，这样的海鲜饭哪有不鲜之理？

在西班牙，我听说海鲜饭的起源居然跟哥伦布有关：那是哥伦布从新大陆返航时，途中遭遇飓风，赶紧在一个小岛靠岸。哥伦布和船员们饥寒交迫，当地渔民来不及给他们做菜烧饭，就把海鲜倒进大米之中一起烧。不知道是当时太饿了，还是这饭确实好吃，这顿饭给哥伦布以及船员留下极其鲜美的印象。哥伦布回到西班牙，跟国王说起那顿海鲜饭。国王命御厨照样子做海鲜饭，居然得到国王的赞赏。从此海鲜饭在西班牙代代相传，而且不断改进，成了今日西班牙的"国饭"。

葡萄牙以蛋挞出名，而西班牙则以海鲜饭出名，两国各有千秋。

"橄榄油王国"

葡萄牙被誉为"软木王国"，西班牙则被称为"橄榄王国"，又是平分秋色。

我小时候就喜欢吃橄榄。碧绿的新鲜橄榄，略微用食盐腌几天，吃起来清香可口。我以为到了西班牙这个"橄榄王国"，一定到处可以吃到新鲜橄榄。谁知我只在超级市场买到整瓶的腌制橄榄，并未在水果摊见到新鲜橄榄。

其实，准确地说，西班牙是"油橄榄王国"或者"橄榄油王国"。在葡萄牙漫山遍野的是栓皮栎，而在西班牙则漫山遍野的是油橄榄。

原来，油橄榄≠橄榄！

西班牙的橄榄树

189

油橄榄

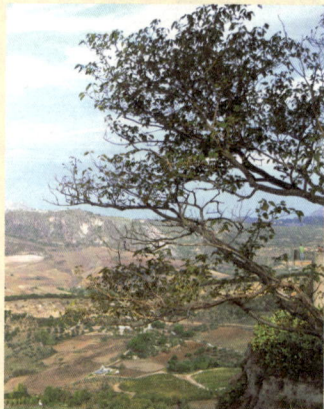

西班牙到处是橄榄树

许多人跟我一样，把油橄榄跟橄榄混为一谈。对于中国人来说，熟悉的是橄榄，因为中国南方很多地方种植橄榄，水果店、超级市场里经常出售橄榄。

橄榄两头尖，绿色，所以又叫青果。橄榄吃起来先涩后甜。中国古代称橄榄为"谏果"，意思是说忠言逆耳，像橄榄一样，涩而后甘。西班牙也有橄榄。西班牙有句谚语说："橄榄有如人生，先是涩，后是甜。"

橄榄除了可以直接吃之外，也可以做成檀香橄榄、腌橄榄。

油橄榄跟橄榄全然不同，油橄榄不是水果。在植物学上，橄榄与油橄榄属于不同的科：橄榄属于橄榄科橄榄属乔木植物，而油橄榄则属于木犀科木犀榄属乔木植物。

油橄榄果实的形状也是两头尖，绿色（成熟时紫色），跟橄榄相似，所以常常被人混为一谈。

橄榄是水果，而油橄榄则是油料作物。

油橄榄喜光喜温，而西班牙的气候很适合油橄榄的生长，所以西班牙到处可见油橄榄树。油橄榄是常绿小乔木，也有的高达10米。很多油橄榄的树干基部往往有大的瘤状突起——树瘤。油橄榄的叶子呈深绿色。

油橄榄树的寿命很长，两三百岁的油橄榄树在西班牙比比皆是，树冠可以高至10米。

在地中海沿岸国家中，西班牙是世界上油橄榄树种植最多的国家，总共有三亿多株，种植面积达220多万公顷，远远超过了希腊和意大利。

野生的油橄榄树往往又高又大，树冠像绿色的蘑菇。我在西班牙许多山坡上看到人工种植的油橄榄树，通常比较矮小，一行行整整齐齐地排列

西班牙的早晨，亭亭玉立的橄榄树

西班牙也盛产橄榄（不是油橄榄）

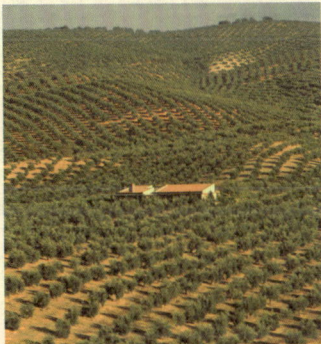

西班牙南部的橄榄树

着。油橄榄树之间，留了一条条小路，为的是让收摘油橄榄的拖拉机能够开进去。在油橄榄成熟的季节，即每年的9月底、10月初，收摘的拖拉机在田间小路上缓缓前进，拖拉机上安装的震动杆不断摇晃一棵棵油橄榄树，让青紫色的油橄榄掉下来，落在收集斗里，装进塑料袋。

在西班牙农村，我还看到榨油作坊。那些新鲜的油橄榄，一袋袋被运到榨油作坊。经过清洗，去除树叶、树枝等杂物之后，油橄榄被输入到榨油机榨油。最初从榨油机里流出来的是清亮、淡黄色的橄榄油，叫做初榨橄榄油，是品质最好的橄榄油。接着，又经过二榨、三榨，得到二榨油、三榨油。再从剩下的油渣，用化学溶剂提取橄榄油，这叫二次油。经过化学提取之后的残渣，是上好的饲料。

橄榄油最初用作药物以及美容化妆品。据称，古埃及艳后克里奥帕特拉七世每天清早总是用橄榄油擦遍全身，所以她的皮肤一直细嫩而光滑。古希腊爱神维纳斯，也总是用橄榄油擦脸。

后来橄榄油大量用作色拉油，也用来炒菜。自从近代化学表明，"橄榄油中含有比任何植物油都要高的不饱和脂肪酸、丰富的维生素A、D、E、F和胡萝卜素等脂溶性维生素及抗氧化物等多种成分，并且不含胆固醇，人体消化吸收率极高。" 橄榄油作为绿色食品，受到消费者的追捧，尤其是"三高人士"（高血压、高血脂、高血糖），更加独钟橄榄油。于是，橄榄油身价看涨，被戴上"液体黄金"、"植物油皇后"、"西班牙甘露"之类光环。

西班牙2014年的橄榄油产量为150万吨，约占世界总量的40％，是世界第一的橄榄油生产国，是意大利的2倍、希腊的4倍。西班牙橄榄油的年出口量达80多万吨，是世界第一大橄榄油出口国。西班牙不仅橄榄油的产量世界最大，而且橄榄油的品质也是世界一流。在西班牙出口的橄榄油之中，49％为初榨橄榄油，这一比例是所有橄榄油生产国中最高的。所以西班牙被誉为"橄榄油王国"或者"油橄榄王国"或者简称为"橄榄王国"，都是名副其实。

令人不解的是，意大利也是橄榄油的产油国，却大量购进西班牙橄榄油。每年西班牙出口的橄榄油，40％销往意大利。过去，西班牙只管向意大利出售橄榄油，并没有深究。渐渐地，西班牙人发现其中的奥秘：精明的意大利商人从西班牙购进大量散装的、桶装的初榨橄榄油，将其装进精致的小玻璃瓶，贴上意大利商标，把价格抬高一倍，作为意大利名牌商品向全世界推销！

西班牙人这才明白，自己的品牌意识太差，吃了大亏。于是西班牙也下功夫创立自己的品牌，在瓶装的橄榄油上印着"产地西班牙"。

橄榄油在中国，最初由于跟豆油、菜油、茶油相比价格昂贵，几乎无人问津。随着中国人生活水平的提高，追求高质量的生活，对于橄榄油的需求大量增加。在2003年，中国从西班牙进口的橄榄油每年只有300吨，居西班牙橄榄油出口国销量排行榜的44名。仅仅过了10年，在2013年，西班牙橄榄油对中国的出口增长了80倍，跃居出口总量排行榜的第6位。正因为这样，如今在中国许多超级市场里，都可以见到成排的西班牙橄榄油。

西班牙橄榄油已经走进中国千家万户，跟我们的生活息息相关。正因为这样，我在西班牙见到众多的油橄榄树，倍感亲切。

两个袖珍国

山上的栓皮栎、石生栎的叶子黄灿灿的

翻越比利牛斯山

我在西班牙走透透：走过东北部的巴塞罗那，走过西部的卡塞雷斯，走过东南的格拉纳达、龙达，走过西南的塞维利亚，走过中部的马德里和托莱多，还走访了风车小镇康苏埃格拉和白色小镇米哈斯。

终于，我离开西班牙，从巴塞罗那往北，前往法国南部。

离开巴塞罗那的时候，高速公路在平坦的原野上舒展，一路向北。渐渐的，汽车进入山区，隧道多了起来。

再往前行驶，高速公路两边群山逶迤。哦，我进入比利牛斯山山麓了。秋日，山上的栓皮栎、石生栎的叶子黄灿灿的，而油橄榄树依然深绿，青黄相间，富有诗情画意。

比利牛斯山脉是欧洲西南部最大山脉，而比利牛斯山脉实际上是欧洲最大的山脉——阿尔卑斯山脉主干西延。

比利牛斯山脉横卧在欧洲大陆与伊比利亚半岛之间，也就是横卧在法国与西班牙之间，成了法国与西班牙两国的界山。

比利牛斯山脉东起地中海海岸，西止大西洋比斯开湾，全长约430公里。

比利牛斯山脉的西段、中段比较高。最高峰阿内托峰，海拔达3 404米，在比利牛斯山脉的中段。相比而言，东段的比利牛斯山脉相对来说平缓，树林满坡。

当然，这只是相对而言。离开巴塞罗那大约一个多小时车程（60公里），我见到高速公路左侧，突然冒出一排锯齿一般又尖又高的石峰，像一道屏风横躺在天际线上。山上几乎寸草不长，一片青灰色，笔直而又险峻，有的看上去像一个个尖溜溜的石笋。据称，这山是由结晶岩组成。

这便是著名的蒙特塞拉特山。"Montserrat"，在当地加泰罗尼亚族的话中，就是锯齿山的意思。

蒙特塞拉特山是加泰罗尼亚族心目中的圣山，所以又被称为加泰罗尼亚圣山。

蒙特塞拉特山海拔1236米，是巴塞罗那一带最高的山。

在蒙特塞拉特山上，有一座建于公元9世纪的蒙特塞拉特修道院（由于年代久远，修道院中的圣母雕像脸部发黑，当地人俗称"黑圣母教堂"）。建筑大师高迪是虔诚的天主教徒，曾经从巴塞罗那前来拜访"黑圣母教堂"。他的心灵被高耸入云的蒙特塞拉特群峰所震撼。他后来设计的圣家族大教堂的灵感，就来自蒙特塞拉特群峰。如果把蒙特塞拉特群峰的照片跟圣家族大教堂的照片相比较，一眼就可以看出两者神似而又形似。

如今，蒙特塞拉特群峰下的蒙特塞拉特修道院已经成为旅游景点，有

离开巴塞罗那的时候，高速公路在平坦的原野上舒展

沿途所见小镇

缆车可以直达。

过了蒙特塞拉特山之后，我在沿途还看见许多座光秃秃、青灰色的石山，只是没有蒙特塞拉特群峰那样陡峭。

我明显感到气温在降低。在巴塞罗那，我只穿一件长袖衬衫而已，这时穿上了两用衫。

西班牙在比利牛斯山脉南麓，法国在比利牛斯山脉北麓，法国的气温通常比西班牙低，因为比利牛斯山脉阻挡了南下的北风。这如同瑞士在阿尔卑斯山脉北麓，意大利在阿尔卑斯山脉南麓，当我从瑞士翻过阿尔卑斯山脉来到意大利，明显感到暖和。

我并没有直接从西班牙来到法国，而是先来到一个袖珍小国——安道尔大公国。这个小国"夹"在西班牙与法国之间。

在夹缝中求生存的安道尔

离开西班牙，从巴塞罗那往北，前往法国南部。金秋灿灿，山道弯弯。

在起伏不定的比利牛斯山区行进，突然见到前方红底白字的"STOP"（停止）的路牌以及一长串汽车，司机减速以至停车。

原来，安道尔大公国的边检站到了。那个红色的"STOP"圆牌挂在一个灰色的四方亭子上，那就是边检站。从西班牙的巴塞罗那开车过去，大约3个半小时的车程，就到达安道尔大公国的边检站。

在伊比利亚半岛，总共有3个独立的国家，除了葡萄牙、西班牙之外，便是安道尔了。这3个国家，3种体制：葡萄牙是共和国，西班牙是王国，而安道尔是公国。

所谓公国，是指国家的元首是大公。大公，也就是公爵，但并不是所有的公爵都是大公，只有成为公国元首的公爵才是大公。

记得，从葡萄牙进入西班牙，一路上畅通无阻，而西班牙与安道尔大公国之间则设有边检站。不过，边检站的工作人员不是安道尔大公国的，却是西班牙的。检查程序很简单，只是查看一下司机的驾驶证以及护照而已。偶尔要检查一下车辆上的货物——主要是检查从安道尔大公国出来的汽车。因为安道尔大公国是免税国家，在那里买多少商品都不限制，但是

安道尔金色的秋天

出边境的时候，西班牙方面则限定免税商品不能超过一定的数额，以避免扰乱西班牙市场。这种检查通常是很宽松、很"客气"的，即工作人员只是用眼光扫一下罢了。

在安道尔，看不到如巴塞罗那街头袒胸露背的女子，这里的人们大都裹着深色的厚厚的衣服，有的甚至穿上了羽绒服。安道尔大公国是内陆山国，是欧洲地势最高的国家，全国平均海拔1 100多米。这里属山地气候，年平均气温9.9℃。安道尔的最高峰科马佩特罗萨峰海拔2 946米，是滑雪胜地。不过，安道尔的山，森林蓊郁，安道尔的西班牙文原意是"覆盖灌木的土地"。

在葡萄牙、西班牙看惯了白墙、红瓦的房子，一进入安道尔，眼前的景象全然不同。这里的房子，差不多都是灰色石墙、黑色石板人字形屋顶。因为这里砌房子，就地取材，山上有的是板岩，所以造的房子也就灰墙黑顶。再说，这里不像西班牙南部那样阳光强烈，也就不必把墙刷成纯白色。

安道尔大公国是小国，更准确地说是袖珍国。

就人口而言，据2014年的统计，安道尔大公国的总人口为7.89万人，被列为欧洲四大袖珍国之一：梵蒂冈最少，1000多人；圣马力诺其次，近3万人；摩纳哥第三，3.6万人。

就面积而言，安道尔大公国被列为欧洲五大袖珍国之一：梵蒂冈最小，面积0.44平方公里；摩纳哥次之，面积1.98平方公里；圣马力诺第三，面积61平方公里；马耳他第四，316平方公里；安道尔第五，468平方公里。安道尔大公国的国土面积在全世界排名第191名。

安道尔当地人属加泰罗尼亚族。官方语言为加泰罗尼亚语。安道尔严格控制移民，规定只有父母双方都是安道尔公民，他们的子女才能成为安道尔公民。如果父母一方是西班牙或法国人或者其他国家的公民，则无法拥有安道尔大公国国籍。正因为这样，安道尔的人口增长相当缓慢。

安道尔大公国的首都为安道尔城。除了安道尔城之外，全国还分为6个区。

安道尔大公国这么一个小国，这么一个袖珍国，在法国与西班牙两个强邻的夹缝中间得以生存，是不容易的。

安道尔大公国的诞生，跟查理曼大帝分不开的。

查理曼大帝是法兰克王国国王。法兰克王国国王是公元5世纪末至10世

这里的房子，差不多都是灰色石墙、黑色石板人字形屋顶

纪末由日耳曼法兰克人在西欧建立的庞大的封建王国，其领土包括今日的法国、德国和意大利。由于法兰克王室采取国王死后诸子平分领土的继承制度，使法兰克王国经常处于诸王割据一方的分裂状态。公元771年，时年29岁的查理曼登基，统一了法兰克王国，称帝，建立了查理曼帝国。

然而，比利牛斯山南麓的摩尔人（那时候还没有西班牙）常常翻越比利牛斯山，袭击、骚扰法兰克王国，使查理曼大帝甚为恼怒。为了防范比利牛斯山南麓的摩尔人，805年查理曼大帝在南部边境建立了一个缓冲国，即安道尔大公国。查理曼大帝颁布《自由赦书》，宣告安道尔成为独立国家。这就是安道尔大公国的来历。

迄今，安道尔大公国的国歌是这么唱的：

> 伟大查理曼，我的父亲，他从撒拉逊解放我们，他从天上给予我伟大的母亲美里克塞尔的生命。我生来是公主，是两国所共有的少女，是查理曼帝国留下来的唯一闺女。一千一百年来的信仰和自由不会放弃。我的保护者，我的亲王们就是国家的法律。

安道尔大公国的"奇葩国歌"，如果不了解历史背景，简直无法理解，一个国家的国歌怎么会是这样的。

安道尔大公国从一诞生，就是缓冲国。此后，这个袖珍小国，一直生活在两个大国、两个强邻——法国与西班牙的夹缝里。

法国与西班牙之间，在历史上曾经剑拔弩张，多次爆发战争。作为小国，安道尔只能在法国与西班牙之间保持平衡，谁也不得罪。平衡术，乃是小国的生存之道。在安道尔大公国，既可以看到法国的影子，也可以看到西班牙的影子。

一进入安道尔大公国，我便注意起安道尔大公国的国旗：

安道尔大公国国旗3个竖条颜色为蓝、黄、红，中间为国徽。这国旗的颜色，实际上是"综合"了法国国旗与西班牙国旗的颜色——那蓝与红，来自法国国旗；那黄与红，来自西班牙国旗。

安道尔大公国的国徽下方，写着安道尔人的箴言："团结就是力量"。

安道尔大公国，大公是谁呢？安道尔大公国的大公有两位，也是"综合"了法国与西班牙的因素，那就是法国总统和西班牙塞奥－德乌赫尔教区主教。也就是说，法国总统和西班牙塞奥－德乌赫尔教区主教是安道尔大公国的国家元首。

据说，法国总统担任安道尔大公国大公的报酬是每年两美元。过去，

法国总统戴高乐每到年终的时候，必定盛装亲自前往安道尔大公国的首都安道尔城，领取两美元，表明他确实担任安道尔大公国国家元首；西班牙的塞奥－德乌赫尔主教每年领取的报酬，要比法国总统多一些，除了8美元现金之外，还有6条火腿、6块干奶酪和12只母鸡。

1993年3月14日，安道尔全民公决，宣布安道尔大公国为一个主权国家。全民公决还通过了安道尔大公国第一部宪法。宪法规定，安道尔是议会制公国，确认法国总统和西班牙塞奥－德乌赫尔教区主教同为国家元首，称为两大公。不过，法国总统和西班牙塞奥－德乌赫尔教区主教的那些报酬，从此取消了。

宪法还规定，首相为安道尔政府首脑。

1993年6月3日，法国和西班牙两国同时宣布承认安道尔大公国为主权国家并同其建立外交关系。同年7月28日，安道尔大公国加入联合国。

安道尔没有军队，只有90名警察而已，安道尔的国防由法国和西班牙负责。

安道尔大公国不仅在法国、西班牙两邻国之间保持平衡，而且在世界上保持中立。安道尔在第一次世界大战、第二次世界大战中，都严守中立，没有卷入战争。

安道尔大公国是小国，人力有限，只向西班牙、法国、卢森堡、荷兰、美国、加拿大、梵蒂冈和欧盟等派驻了大使。1994年6月29日，安道尔同中国正式建立大使级外交关系。中国驻西班牙大使兼任驻安道尔大使，两国没有互设使馆。

小而精致的国家

19世纪的法国作家阿尔封斯·都德(1840-1897年)曾这么对人说过："怎么？你没有去过安道尔？那你还算什么旅行家呢？"

安道尔确实不愧为旅游胜地。

在都德生活的那个年代，安道尔是一个封闭的山国，一派中世纪古国宁静安谧气氛。这里抬头见山，天际线永远是波浪形的山。作为山坳里的国家，安道尔人过着农耕、放牧生活。古堡雪峰，湖光山色，绿草白羊，

安道尔城抬头见山

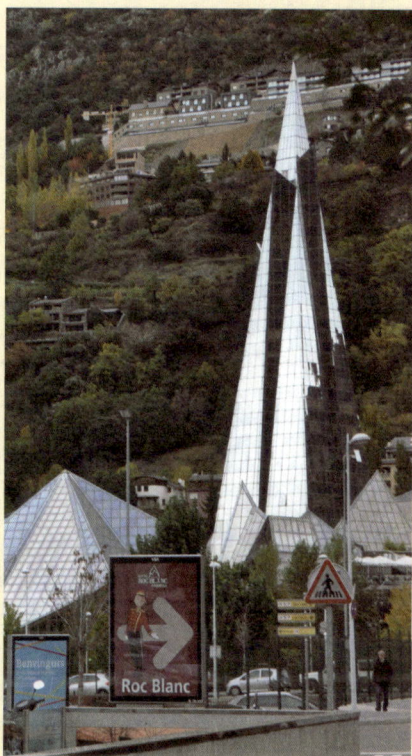

安道尔城的地标性建筑是尖顶的水上世界

渔村农舍，到处是石子路、石头屋，跟浪漫之都巴黎相比，安道尔是一个难得的心灵休憩之处。

当我站在安道尔大公国的首都安道尔城的时候，这里跟都德时代已经全然不同。虽然青山依旧，用柏油铺成的高速公路却从群山穿越而过。川流不息的汽车如同瓦利拉河的潺潺流水，每年给这个只有8万人的小国带来1100万人次的游客！每年1100万游客，相当于每天有3万多游客涌入这个山谷中的国家，拜访质朴动人的"山姑"。

安道尔不再是封闭的传统农业小国，而是向全世界开放的旅游名城。

旅游收入急剧上升，以致占安道尔GDP的80%以上。在安道尔，每千人拥有924辆汽车。另外，安道尔还有一个私人直升机机场。

为了接待众多的游客，安道尔大兴土木，一大批带有新世纪气息的现代建筑在山城矗立。于是安道尔成了一个时光错落的地方，游客在中世纪与21世纪之间不断穿越，别有一番风情。诚如安道尔作家约瑟夫·封特伯纳所说："在安道尔旅行，不是在空间里活动，而是在时间里漫游。"这里夏日是避暑山庄，冬日是滑雪胜地，安道尔的自然风光天生丽质。

为了接待众多的游客，安道尔人纷纷从农田走向商场，商店、宾馆、餐馆挤满安道尔城。尤其是市中心的步行街两侧，名牌店林立，从劳力士手表到LV包，从巴黎香水到白金首饰，应有尽有。安道尔的美食也享誉四方，引无数饕餮竞折腰。

安道尔的人均GDP，也扶摇直上，越过了5万美元大关。

说实在的，论风光，西班牙、葡萄牙许多城市不比安道尔差。安道尔政府明白，在"美女"成群的伊比利亚半岛，安道尔光靠"姿色"吸引不了那么多游客。安道尔政府不按常规出牌，采取不同于众的政策：免税！

这一招果然灵光。安道尔的腾飞，是因为实行免税政策。安道尔开设了1000多家各种免税商店和购物中心。安道尔城成了一座免税购物城。

由于免税，安道尔大多数商品的价格至少要比其他欧洲国家低一至三成。于是法国人花点汽油钱南下，西班牙人花点汽油钱北上，涌进安道尔。欧洲以至北非的游客也来到安道尔，一则游览，二则购物。世界各地前往法国、西班牙的旅游团，也喜欢顺道到安道尔"弯"一下。

山国安道尔无铁路。从法国南部的图卢兹，从西班牙北部的巴塞罗那，开通了直达安道尔的长途汽车，每天好多班，把一车车旅客送进这免税之国。

我在安道尔城漫步。市中心的商业街，两侧商场鳞次栉比。这里的商品，确实普遍比西班牙便宜。安道尔无本国货币，购物用欧元。

站在安道尔城商业街中央看过去，街的两头都是山。街上通常是五六层高的楼房，底层是商店。

安道尔城商业街两侧的人行道上，隔三差五安放着长椅。因为商业街稍有坡度，游客购物走累了，就坐下休息一会儿。

安道尔城商业街是时尚之街。巨幅广告琳琅满目，橱窗设计很新潮。化妆品店、服装店、烟酒店、照相机店……一家挨着一家。

我注意到安道尔城商业街，也有一家劳力士手表专卖店，但是大门敞开，没有像巴塞罗那的劳力士手表专卖店那样设立玄关。虽然安道尔全国只有90名警察，但是很安全。

安道尔城的地标，是金字塔式建筑，看上去像哥特式教堂的尖顶，全部用玻璃镶嵌，在阳光下闪闪发亮。那里是安道尔水上世界，里面有人造瀑布、人造波浪池，还有土耳其式浴室、水床、桑拿浴室、冰屋等等，总之都与水相关。

安道尔大公国给我的印象是小而精致。

摩纳哥海滨

悬崖上的小国摩纳哥

我从袖珍国安道尔大公国，来到位于法国南部的另一个袖珍国——摩纳哥公国。

安道尔夹在西班牙与法国之间，而摩纳哥则夹在法国与意大利之间。

摩纳哥位于法国东南部。摩纳哥的东、西、北三面都是法国，南面是地中海。摩纳哥虽然并没有与意大利接壤，但是东面距意大利边境只有8公里而已！

摩纳哥（Monaco）跟摩洛哥（Morocco）的中文译名仅一字之差，有的人把这两个国家混为一谈。其实摩洛哥是非洲西北部的一个沿海阿拉伯国家，隔着大西洋跟葡萄牙、西班牙遥遥相望。摩洛哥的面积达46万平方公里，相当于摩纳哥的232 323倍！

摩纳哥给我的印象跟安道尔全然不同。安道尔是山中小国，山风吹拂，而摩纳哥则面朝蔚蓝的地中海，海风习习。

摩纳哥是悬崖上的国家。阿尔卑斯山脉在法国南部一直伸展到地中海，一块硕大无比的悬崖立在地中海之滨。这悬崖叫做"赫拉克利斯之岩"。摩纳哥就在这巨大的"赫拉克利斯之岩"上。

悬崖，是坚固的地基。摩纳哥一座座漂亮的大楼，倚崖而建，高低错落，推窗见海，风景如画。

我在摩纳哥看到一座座沿坡而建的自动扶梯，便于人们上上下下，不必费力爬坡下坡。

阿尔卑斯山挡住了寒风。这里夏日干燥凉爽，冬天潮湿温暖，年均气温为16℃，一年之中，晴天占300来天。悬崖之下的海湾、沙滩，漂亮而又舒适。

摩纳哥地形狭长，东西长约3公里，南北最窄处仅200米，一抬腿就出国了——来到法国。

安道尔是大公国，元首是大公。摩纳哥是公国，元首是亲王。

安道尔大公国虽说是袖珍小国，但跟摩纳哥公国相比，无疑是大国。

安道尔大公国的面积为468平方公里，而摩纳哥公国的面积仅为1.98平方公里（内中0.4平方公里是填海而增加的面积），安道尔大公国的国土面积相当于摩纳哥公国的234倍！

人们用这样一系列的比较，来形容摩纳哥公国的小：

就全世界而言，摩纳哥公国是排名第二的小国——最小的国家是梵蒂冈；

瑞士也是小国，但是瑞士人说，摩纳哥的面积只有瑞士的两万分之一；

纽约人说，摩纳哥的面积比纽约的中央公园还小；

北京人说，摩纳哥的面积1.98平方公里，也就是198公顷，比260公顷的颐和园还要小！

所以，说摩纳哥乃弹丸之地、袖珍之国，恰如其分。

摩纳哥王国的首都为摩纳哥城。全国分为4个区，即摩纳哥城区、摩奈盖提区、枫维叶区和蒙特卡洛区。

就人口而言，2014年的总人口为37 623人，在全世界所有的国家中排名倒数第三。

摩纳哥的人口虽少，却有着两项骄傲的纪录：

由于国土面积小，据2014年统计摩纳哥的人口密度为每平方公里19 001人，是世界上人口密度最大的国家；

摩纳哥经济发达，2014年的人均GDP达183 150美元，而美国人均GDP为55 836.8美元，还不及摩纳哥的三分之一！

在摩纳哥的公民之中，以摩纳哥族居多，其次是法兰西人，再次是意大利人。不过，摩纳哥的富豪以意大利人居多。

摩纳哥不像安道尔那样严格限制外来人口入籍，而是吸收了许多个国

摩纳哥宅前跑车

作者夫妇在摩纳哥

摩纳哥街道

家的移民，诸如美国、英国、德国、瑞士、印度、日本、俄罗斯的移民，条件只有一个，必须是富有者。

摩纳哥人大都笃信天主教。

摩纳哥的国旗很简单，长方形，上半部红色，下半部白色——比红、蓝、白三色的法国国旗少了蓝色。

摩纳哥官方语言为法语，通用意大利语和英语。这里比北京时间晚7个小时。

摩纳哥虽小，却有着悠久的历史。

公元前6世纪，希腊人渡地中海来此。在希腊神话中传说大力士海格力斯曾途经这里，于是希腊人在悬崖之上建立了一所祭祀海格力斯的神庙。于是这里便叫做"Monoikos"，希腊语的原意是神庙。后来，"Monoikos"演变成了Monaco——摩纳哥。

400多年之后，罗马军队占领了摩纳哥，在悬崖之上建立了军事要塞。

此后，这块风水宝地屡遭抢夺，像走马灯似的，"你方唱罢我登台"。海风吹过摩纳哥，把这里的历史翻过一页又一页：

东哥特人取代了罗马人；

拜占庭人赶走了东哥特人；

伦巴底人驱赶了拜占庭人；

法兰克人战胜了伦巴底人；

阿拉伯人撵走了法兰克人；

热那亚人替代了阿拉伯人。

1358年摩纳哥成为独立王国。然而，此后又是风雨如晦，几番易帜：

最初，摩纳哥受到法国"保护"；

1524年，西班牙成为"保护者"；

1641年，再度受到法国"保护"；

1793年，被法国吞并；

1814年，重新恢复独立；

1815年，受意大利撒丁王国"保护"。

1861年2月2日，对于摩纳哥来说，是难忘的日子。摩纳哥第三度受到法国"保护"。不过，法国的"保护"是有条件的。在法国的恩威兼施之下，摩纳哥亲王夏尔三世把摩纳哥的芒东和罗克布伦两大市镇的所有权，以400万法郎的价格"卖"给了法国拿破仑三世。同时法国承诺保证摩纳哥的独立地位。这一回摩纳哥惨矣。摩纳哥遭到肢解，失去这两个城市后，领土"缩水"，从20平方公里缩至1.94平方公里——后来填海增加至1.98平方公里。摩纳哥的人口也从25 000人锐减到1 300人，真正成了"小不点儿"国家！

从此，摩纳哥一直在法国的屋檐之下艰难生存，法国则声称"保障摩纳哥的独立、主权和领土完整"。

1911年，摩纳哥成为独立的君主立宪国。

不过，摩纳哥依然受到法国的钳制。在法国的威慑之下，摩纳哥忍气吞声，在1919年被迫与法国达成"罕见协议"：如果摩纳哥国家元首（亲王）没有男性后裔，法国将兼并摩纳哥！

小国，在强国、大国面前，何等的可怜。

1993年，摩纳哥终于在联合国亮相，成为正式成员国，这表明摩纳哥的独立地位得以确保。

这样，在2002年，摩纳哥与法国签订了新的条约，确认即便在摩纳哥国家元首（亲王）无人继承的情况下，摩纳哥仍然为独立国家，不再"并入"法国。

2005年，摩纳哥与法国又签署了新的条约，确认摩纳哥拥有自行任命国务大臣（即总理）等政府所有成员的权力。这样，摩纳哥昂起头，挺起胸，成为真正意义上的独立国家。

每艘游轮都给摩纳哥送来数以千计的游客

全世界最富有的小国

我在摩纳哥港漫步，见到白色的豪华游艇的桅杆密如森林。这里的游艇，大都是长度在25米以上的大型游艇。不光是游艇本身的价格昂贵，在摩纳哥海港的泊船费也不菲。

游艇在摩纳哥形成了所谓的"蓝白文化"，蓝即大海，白即游艇。富豪们喜欢乘坐白色游艇，漫游于地中海。"蓝白文化"是浪漫、富有、悠闲的代名词。摩纳哥是富人世界，所以把"蓝白文化"发挥到极致。

我在摩纳哥街头见到的轿车，也与西班牙、葡萄牙明显不同，那里大都是普通品牌的小型轿车，而在摩纳哥，豪车比比皆是。据说，"在摩纳哥开宝马和奔驰的人恐怕都不好意思与邻居打招呼，因为街上更多的是法拉利、保时捷、兰博基尼、迈巴赫、玛莎拉蒂等世界名车。"

在摩纳哥，拥有着众多名牌奢侈品的旗舰店。卡地亚、爱马仕、香奈儿、阿玛尼、迪奥……在这里应有尽有。

摩纳哥凭什么那样富有？摩纳哥的人均GDP凭什么超越美国好几倍？

安道尔用的招数是免除商品进出口税，使安道尔成为免税天堂，吸引无数游客，使旅游收入成为安道尔80%以上的收入。

摩纳哥用什么招数呢？摩纳哥用了四招。

摩纳哥的第一招，是开设赌场。

摩纳哥蒙特卡洛大赌场闻名遐迩。这座有着一百多年历史的赌场，富丽堂皇。这家大赌场跟美国的拉斯维加斯不同，拉斯维加斯的赌场没有"门槛"，谁都可以进去，花几美元也可以在老虎机上玩一把。蒙特卡洛大赌场的"门槛"高，动不动就呼千喊万。

摩纳哥开设赌场，是在最无奈也最困难的时刻——1861年，摩纳哥遭到法国肢解，领土缩至1.94平方公里，人口也减至1 300人。摩纳哥以130万法郎的价格，把赌场的专营权卖给了一个名叫弗朗索瓦•布朗的大老板。要知道，摩纳哥当时把两座城市"卖"给法国，也不过400万法郎。

财大气粗的弗朗索瓦•布朗建设了蒙特卡洛大赌场，吸引了欧洲众多的赌客。为赌客服务的宾馆、餐馆、商店也逐渐开张，摩纳哥的人口从1861年的1 300人，到1890年猛增至15 000人。

至今，蒙特卡洛大赌场仍是摩纳哥的一张闪亮的名片，是富豪们以赌相聚之处。蒙特卡洛大赌场广场，是摩纳哥奢侈名牌店和高星级酒店云集之处。

摩纳哥的第二招，是取消个人所得税。

这一招很灵，一下子吸引了数量可观的富翁们加入摩纳哥国籍，成为避税移民。这一批富翁带来了数额巨大的财富，一下子就盘活了摩纳哥的经济。富翁们在摩纳哥投资房地产，建设了许多豪门大宅，使摩纳哥面目一新，房价飙升。

富翁们也给摩纳哥带来高消费，那么多的豪华游艇，那么多的高级豪车，那么多的奢侈品。

摩纳哥的第三招，是提高知名度。

摩纳哥原本是籍籍无名的小国，提高知名度至关重要。只有提高知名度，才能吸引投资，吸引游客。

摩纳哥提高知名度的重要办法，就是成为国际赛车比赛的举行地，引来万众瞩目，而且通过电视转播，引起世界关注。

一到摩纳哥，我就发现，这里的街道狭窄而多弯，尤其是有许许多多隧道。因为那么多人、车、房密集在一块悬崖之上，寸土寸金，哪有空间建设"康庄大道"。

把摩纳哥的街道变为国际赛车道，这一设想的创造者无疑是一个天才。提出这一奇思妙想的是摩纳哥汽车俱乐部的主席安东尼•诺格斯。1929年，摩纳哥首次以街道作为赛道举办国际赛车比赛，获得巨大成功。从此，摩纳哥的街道赛道被命名为摩纳哥国际赛车道，成为世界四大国际赛车道之一，成为世界汽车拉力赛、F1一级方程式锦标赛的举办地。

摩纳哥国际赛车道单圈长度为3.367公里，整个比赛要进行78圈，比赛总长度为260.520公里。在这样狭窄、多弯、超车困难的赛道上比赛，车手平均要换挡3 000多次。车手形容比赛的难度如同在客厅里骑自行车。因此，车手们把获得摩纳哥大奖赛冠军视为F1"王冠上的明珠"。

在国际赛车比赛举行时，摩纳哥的富翁们可以在自家的阳台上喝着咖啡，看着比赛。而在赌场，赌客们则为谁成为冠军而掷赌。

对于摩纳哥来说，每一次举行国际赛车，无疑是为这个小国做了最大的广告。因为比赛是在摩纳哥的街道举行，而电视现场直播等同于把摩纳哥风光转播到全世界！

摩纳哥的知名度的另一次提升，则是在1956年春天，摩纳哥王子雷尼尔三世迎娶第27届奥斯卡影后格蕾丝•凯利，世界为之轰动，一万两千名记者与摄影师现场采访，媒体连篇累牍报道。记者写道：

> 美丽的新娘身穿一袭由90米薄纱、23米真丝塔夫绸、300米玫瑰花边裁成的长裙，披着由成千上万颗鱼卵形珍珠串成的面纱，款款走向她的新郎——"全世界最理想的男人"、摩纳哥王子雷尼尔三世。

尽管摩纳哥王子迎娶奥斯卡影后出于爱情，却在无意之中大大提高了摩纳哥的知名度。从此格蕾丝•凯利在摩纳哥的一颦一笑都成为媒体捕捉的焦点，直至26年之后——1982年9月13日，格蕾丝带着二女儿驾车经过一个U形急转弯时，翻进了路旁的深沟里。格蕾丝•凯利王妃香消玉殒，又一次成为轰动世界的新闻。

摩纳哥的第四招，是开发旅游。

随着摩纳哥知名度的提高，前往摩纳哥的游客纷至沓来。

摩纳哥原本交通闭塞。随着摩纳哥拉入欧洲高速公路网，接入法国铁路网，交通变得非常便捷。摩纳哥国小无机场，但是距法国尼斯国际机场只有25公里，空中交通也很方便。

我在摩纳哥港见到几万吨、十几万吨的游轮。每艘游轮都给摩纳哥送来数以千计的游客。

为了保障游客的安全，闭路电视摄像头遍布摩纳哥。摩纳哥无军队，但是警察的人数有450名，确保摩纳哥成为安全的国度。

摩纳哥这四招，给摩纳哥经济注入强大活力，成为全世界最富有的小国。

漫游法国南部

空客的家乡图卢兹

外出乘坐飞机，要么波音，要么空中客车。我来到法国南部，见到的第一座大城市，便是空客的家乡图卢兹。

在安道尔大公国与法国边境，同样设有检查站，这里进行检查的是法国工作人员。照例是查看一下司机的驾驶证以及护照，然后挥挥手让汽车通过。偶尔有工作人员上车检查。

雨蒙蒙，雾蒙蒙。出了安道尔大公国，汽车沿着比利牛斯山北麓的高速公路盘旋下山，这时候下起细雨来了。山中雾气甚浓，比利牛斯山山峰像一顶顶草帽似的在云上飘浮，而庞大的山体被云雾遮挡。

下了比利牛斯山，眼前是大片大片的平原，天也晴朗了。

我注意到，路边再也没有看到安道尔那种黑色屋顶、灰色石墙的房子，而是红色屋顶、白色墙壁的房子，跟西班牙一样。只是这里飘扬着红、白、蓝的法国国旗，路牌上写着法文。出现在路边的，不再是葡萄牙的栓木栎、西班牙的橄榄树，而是梧桐树。秋风一吹，梧桐树叶飘落一地。

对于梧桐树，我最熟悉不过了。我在上海的住处，当年是法租界，行道树便是梧桐——准确地说，是法国梧桐。法国梧桐高大，树叶茂密，每片叶子有巴掌大，盛夏时节像把巨伞撑在马路上，蔽日遮阴，给行人带来凉意。尤其是马路两边的那些几十年的大梧桐树，巨大的树冠在马路上空叠加，形成一条拱形绿色长廊，连来来往往的汽车也能够分享清凉。不过，法国梧桐最大的缺点是深秋落叶，增加了环卫工人的工作量，每天都得清扫一车又一车的黄叶。

从安道尔长驱150公里，到达图卢兹。

图卢兹有40万人口，是法国第四大城市，仅次于巴黎、马赛和里昂。图卢兹是法国南比利牛斯大区的首府。

图卢兹市中心，大都是四五层的楼房，砖石结构，很多房子用红砖砌成，显得古朴典雅。

图卢兹是一座有着2 000多年历史的古城，拥有诸多古建筑。不过，

自从空客总部落户在这里，图卢兹腾飞了，成为一座拥有现代化工业的城市。这座40万人口的城市之中，就有2万多人成为空中客车公司员工。

那是在1967年9月，英国、法国和德国政府签署了一个谅解备忘录，开始进行空中客车A300的研制工作。1970年，空客在图卢兹建厂。随着空客的日益壮大，成为美国波音公司的竞争对手。尤其是2005年A380的诞生，标志着空客迈上了飞机制造业的高峰。

我乘坐过那么多趟空客飞机，总想一觑空中客车公司。不过，我只在图卢兹住了一晚，匆匆而过，未及参观空中客车公司，未免有点遗憾。

泉水精灵·罗马遗风——尼姆

我在图卢兹住了一晚，翌日清早向东长驱290公里，来到法国南部名城尼姆。

尼姆是法国南部加尔省的省会，人口24万。

在尼姆游览的那天，天气格外的好，天空像透明无瑕的蓝宝石，甚至我因此嫌天空中没有一丝云霓，照片的背景只有一片纯蓝。

不过，当我得知尼姆每年阳光普照的日子达到300天以上，也就不以为罕了。尼姆以法国最暖热的城市而著称。

尼姆给我的印象是8个字：泉水精灵，罗马遗风。

为什么说尼姆泉水精灵呢？因为在法语中，"尼姆"是泉水精灵（Nemausus）的名字。尼姆虽然离地中海不远，但是并不直接靠海。在尼姆，处处见清泉。泉水是尼姆的灵魂。

为什么说尼姆罗马遗风呢？因为尼姆是古城，是罗马人在法国精心打造的最大城市。罗马时代成为尼姆辉煌的时代，给尼姆打下深刻的烙印，至今罗马遗迹遍布尼姆。

泉水与罗马，是组成尼姆的两大历史、文化元素。

在我看来，游览尼姆，仿佛在翻阅罗马版的尼姆之书。

探访尼姆，是从泉水的源头开始——这是罗马版的尼姆之书的序章。

在公元前49年，强大的罗马帝国的军队占领了尼姆。他们很看重这片美好的土地，计划建造一座漂亮、繁华的城市。他们很快就发现，尼姆有

法国之秋

法国南部到处是梧桐树

一个最大的缺陷，那就是淡水不足。罗马人很讲究卫生，喜欢洗浴，连厕所都用流水不断冲刷（虽说那时候还没有抽水马桶），没有水怎么行呢？

　　罗马人勘探四周，在尼姆以北25公里的一个名叫于泽（Uzès）的小镇找到了水源。但是要把于泽的水引到尼姆，遭遇一道难题：必须横穿嘉德河谷。

　　我来到尼姆城外的嘉德河谷。嘉德河一弘碧波，在那里奔腾向前，两岸是低矮的山坡，形成"V"字形的河谷。如何让于泽的水从"V"字形的嘉德河谷上方穿越而过呢？

　　罗马人终于想出办法，那就是在嘉德河谷上方建造一座桥，这座桥的主要目的不是走人，而是让水从桥上流过。这就是水道桥。

　　罗马人从占领尼姆之后不久，就开始在嘉德河谷修建水道桥——嘉德河水道桥。当时的施工人员约800~1000人，花费了15年时间，终于建成宏大的嘉德河水道桥。

　　当我沿着嘉德河谷往前走，亲眼看到嘉德河水道桥，非常震惊：嘉德河水道桥全部用巨石砌成，像一道彩虹，飞架在嘉德河谷上。嘉德河水道桥总共三层，第一层有拱洞6个，嘉德河水从洞下流过；第二层有拱洞11

个；第三层有拱洞35个。第三层的顶上，是水渡槽，来自于泽小镇的水，源源不断地通过水渡槽，流向尼姆城。

嘉德河水道桥高48.8米高，长275米。最顶层的水渡槽，深1.8米，宽1.2米。

须知，嘉德河水道桥是两千年前罗马人的"作品"。

须知，嘉德河水道桥经历两千年依然屹立！

嘉德河水道桥充分展现了罗马人的智慧：

每公里落差仅24厘米，罗马人经过精心设计，开山凿石，让泉水在隧道中流过，使于泽泉水源源不断流向尼姆；

为了减少泉水半途蒸发，罗马人在渡槽顶部加盖石板；

水道桥并不是笔直的，而是朝嘉德河水方向设计成略微凸出的弧形，以求更能抵挡洪水的冲击。在两千年间，嘉德河上多座桥梁被洪水冲垮，而水道桥岿然不动；

尽管建造嘉德河水道桥是为了引水，但是罗马人把底层石拱桥建得相当宽，不仅可供行人通过，还能让马车驶过，起着桥的作用。

后来尼姆附近又找到别的水源，嘉德河水道从公元6世纪起渐趋荒废，但是作为古建筑得到保护、维修，直至今日仍保持原貌。

嘉德河

法国到处是梧桐树

　　在1985年，嘉德河水道桥被列为联合国教科文组织的世界文化遗产名录。

　　作为欧洲的历史、文化符号，嘉德河水道桥图像被印在5欧元纸钞的背面。

　　嘉德河水道桥的知名度日益提高，每年的游客破百万。

　　嘉德河水道桥是罗马与泉水这两大历史、文化元素在尼姆的集中体现。当年，于泽的清冽泉水，通过嘉德河水道桥，源源不断流进尼姆城。

　　走进尼姆城里，我处处见罗马建筑，处处见泉水淙淙。

　　翻阅罗马版的尼姆之书，第一章是泉灵公园。

　　走进尼姆泉灵公园黑漆雕花大门，迎面就是巨大的水池，中央是雕像与喷泉。这里，在罗马时代，从嘉德河水道桥流过来的洁净泉水注入水池，周围是神庙、剧场、公共浴室与公园。罗马人崇敬泉水，以为泉水是有精灵的，这个以水池为中心的公园就叫做泉灵公园。其实，罗马人的"泉灵"与中国人所谓"城有水则秀，居有水则灵"是"心有灵犀一点通"。

　　泉灵公园是欧洲最早的公园之一。到了公元18世纪，法国人对泉灵公园进行了修缮和扩建。水池四周，是白色大理石栏杆以及形态各异的白色大理石雕像。

　　泉灵公园里有一座小山，叫做卡瓦利耶山。层层宽大的白色台阶，通向山上。我拾级而上。走了几层台阶之后，前方是一条小路。山上松柏茂密，我沿着林间小路，终于到达山顶。

尼姆河

在山顶，一座高大的灰白色的八角形石塔巍然而立。那便是尼姆著名的古罗马遗迹马涅塔。马涅塔由塔基和三层塔身组成。第三层塔已经毁坏，现在只剩两层，高32米。塔内有140级石阶，可以走到塔顶，俯瞰尼姆全城。这里是当年罗马军队所建的瞭望塔。据称与马涅塔相连的，有7公里长的尼姆城墙，可惜都不复存在，只剩下马涅塔。罗马人花费那么多人力、物力建造嘉德河水道桥，又花费那么多人力、物力建造马涅塔和围绕尼姆的高塔和城墙，不言而喻，表明了罗马人对于尼姆的看重，决心把尼姆打造成一个既安全又美丽的城市，作为罗马帝国在地中海畔的重要据点。

从泉灵公园出来，一条贯穿尼姆的河，亦即尼姆河。

看得出，尼姆河是人工河，石砌的河岸笔直，两岸种着梧桐树。泉水沿着罗马时代开辟的这条人工河，潺潺流经尼姆市区。河水清澈，河面似镜。河面之上，唯一的"垃圾"，是从树上飘落的手掌形状的黄色梧桐叶。尼姆河中间有一段落差，河水流过石闸之时像瀑布般飞溅。这条河，使尼姆变得那么妩媚，那么生动，那么富有灵气。

罗马版的尼姆之书的第二章，是离尼姆河不远、在尼姆主干道维克多•雨果大道之侧的一座雪白的高大大理石建筑，一大排圆形科林斯式柱

法国尼姆

哥特式的尼姆大教堂

之上，是一个三角形的屋顶。那便是罗马神殿，当地人称之为四方神殿。

四方神殿是公元前1世纪罗马奥古斯都大帝时代建造的，是迄今为止保存最为完好的古罗马神庙之一。这座四方神殿是典型的希腊式建筑风格。

四方神殿后来曾作为教堂，又曾作为尼姆市政厅，如今则是尼姆古代博物馆所在地。游客们走进这座有着两千年历史的四方神殿，居然可以在殿内尼姆古代博物馆观看3D电影《尼姆英雄》，可谓有着时光错乱之感。四方神殿前的广场，如今则成了露天酒吧的场地。

尼姆也融入现代建筑元素。在四方神殿对面，我看见一座1993年建成的白色现代四方建筑，那是漆成白色的钢架上嵌着大块玻璃的尼姆艺术广场，里面设有尼姆市立图书馆和现当代艺术馆。

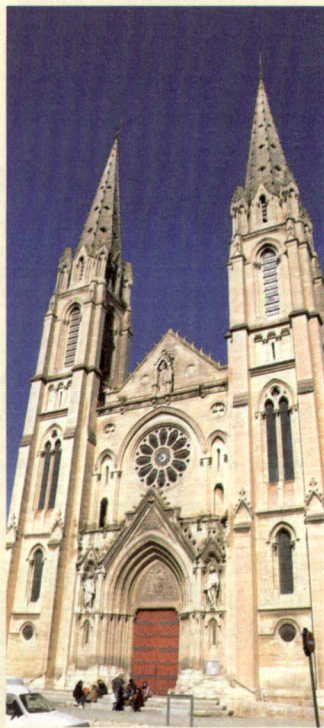

哥特式的尼姆大教堂

古色古香的尼姆

　　在四方神殿之侧，是现代派的尼姆的"阿萨广场"。这是1989年由设计师雷斯设计的泉水广场，一条水道穿越整个广场，中间是圆形水池，水池中一男一女铜像，代表泉水精灵。

　　罗马版的尼姆之书的第三章，是在离四方神殿不远的竞技场（其实也就是西班牙的斗牛场）。

　　这座椭圆形的竞技场建于公元1世纪末、2世纪初。这座竞技场东西长133米，南北长101米，外立面分为2层，每层有60个拱门，可容纳24 000名观众，足见当时尼姆的繁华。

　　尼姆竞技场前的广场上，矗立着斗牛士铜像。

　　我走进尼姆竞技场，里面的一排排木长椅上写着阿拉伯数字，表明至今仍在使用。这座竞技场最主要的表演就是斗牛。美国作家海明威曾经光临尼姆，为的是在这里观赏斗牛。

　　尼姆竞技场在现存的20个斗牛场中按大小排名虽然只是名列第九位，却

尼姆竞技场

是这些古罗马建筑中保存最完好的一个。

　　从嘉德河水道桥，到泉灵公园以及山顶上的马涅塔，从四方神殿到24 000座的竞技场，这一系列古罗马的遗迹都表明，当年的尼姆是何等的壮观。

　　公元2世纪，尼姆进入鼎盛时期。

　　此后，一次又一次战乱，使尼姆走向衰落。到了公元8世纪，尼姆的城墙在战争中严重毁坏，以致残败的城墙的墙砖、方石被人们拆去建造房屋。没有城墙的庇护，尼姆的居民在战乱时不得不躲进竞技场，关闭了所有的拱门，以求保平安。

　　从1000年起，尼姆才逐渐恢复元气，发展葡萄、橄榄种植业以及养羊业，此后纺织业成为尼姆支柱产业。厚而结实的尼姆布，成为牛仔裤的最好布料。

　　我在尼姆大教堂附近的一个圆形水池正中，见到一座白色雕像。那人头发

尼姆竞技场

尼姆竞技场

曾经被收入语文课本的《最后一课》的作者都德在法国尼姆的雕像

凌乱、满腮长须，披着一件风衣，陷入沉思。他是著名法国作家阿尔封斯·都德（Alphonse Daudet,1840－1897年）。都德的名作《最后一课》曾经入选中国的中学语文课本。都德的雕像出现在尼姆，因为他是尼姆人，出自于尼姆一个破落的丝绸商人家庭。

我在尼姆漫步，走进小巷，发现小巷路面正中是一条用瓷砖砌成的排水道。小巷深深。尼姆小巷相当整洁，而且小商店甚多，不过物价明显比西班牙高。当地人讲法语，很多人能够听懂英语，这比西班牙好，西班牙普通民众之中懂英语的不多。

当地居民的衣着相当时尚。尼姆现在是法国南部的葡萄酒、蔬菜和水果贸易中心。纺织（针织）、食品、机械、制革等工业也相当发达。这座有着两千年历史的古城，正在焕发青春。

都德在法国尼姆的雕像

马赛

法国第二大城马赛

法国的第一大城市是首都巴黎，第二大城市、第一大港是马赛，人口160多万。

说来也真巧，俄罗斯的第一大城市是首都莫斯科，第二大城市、第一大港是圣彼得堡。西班牙的第一大城市是首都马德里，第二大城市、第一大港是巴塞罗那。在中国，北京与上海是两座最大的城市，北京是首都，上海是大港。

记得，在上中学的时候，就从慷慨激昂的《马赛曲》中知道了名城马赛：

前进！前进！祖国的儿郎，
那光荣的时刻已来临！
专制暴政在压迫着我们，

我们的祖国鲜血遍地，

我们的祖国鲜血遍地。

你可知道那凶狠的兵士，

到处在残杀人民，

他们从你的怀抱里，

杀死你的妻子和儿女。

公民们，武装起来！

公民们，投入战斗！

前进前进！万众一心！

把敌人消灭净……

1792年法国大革命时期，马赛人高唱《马赛赞歌》进军巴黎，激昂的歌声鼓舞着人们为自由而战。1795年7月14日这首歌被定为法国国歌，称《马赛曲》。

马赛是法国普罗旺斯大区的首府。普罗旺斯大区的全称是普罗旺斯-阿尔卑斯-蓝色海岸大区，这个大区下辖6个省。

欧洲很多城市都分为旧（老）城与新城，而马赛则分为旧（老）港与新港。

在我看来，往往新城千篇一律的高楼大厦，旧城个性各异，凸显各自的历史与文化。马赛也一样。我先去马赛新港，与许许多多现代化码头一样，那里停泊着一艘艘万吨巨轮，大吊车来回奔忙，码头集装箱堆积如山。马赛新港是欧洲第二大港，仅次于荷兰鹿特丹港。马赛新港背山面海，是地中海畔一个难得的天然良港。

当我来到马赛旧港，那里的风光独具个性，与众不同。

马赛旧港呈"U"字形，三面是岸，包围着一泓碧水，直通地中海。沿岸，一幢幢米黄色的六七层大楼，呈"U"字形矗立在海港周边。海港里，碧水之上，是密密麻麻的白色游艇和渔船。这里不见巨轮、吊车、集装箱，因为吞吐货物的使命已经由新港承担，就连万吨游轮也是停泊在新港码头。

马赛旧港是马赛中心最为繁华的地段。马赛这座城市，最初就是从这儿开始发展起来的。

马赛老港岸边地上，嵌着一块青铜纪念牌，形同马赛的"出生证"。那上面写着，在公元前600年，希腊的福西亚(Phocée，今土耳其)人驾舟沿地中海远航至此，登陆拉希东海港（当时希腊人给马赛旧港起的名字）。

马赛卖艺

　　这样，马赛迎来了第一批居民。

　　此后，罗马帝国、西哥特人、法兰克王国相继成为这里的统治者。直至1482年，马赛终于进入法国版图。

　　此后，法国国王路易十二、路易十三把马赛作为军港，在马赛旧港入口处南北两侧建起了城堡，以保护"U"型港内的军舰。

　　在公元19世纪，这里由军港变为法国重要港口。

　　在第二次世界大战中，德国法西斯把马赛旧港几乎炸成废墟并占领了这里。我在马赛旧港岸边见到凯旋门式的第二次世界大战纪念碑，碑前站着高举双臂欢呼重获自由的马赛女子的青铜雕像。

　　在第二次世界大战之后，马赛旧港进行大规模重建，成为一座焕然一新的港口。只是因为另建了新港，所以这里仍被称为马赛旧港。马赛旧港不再是进出口货物的港口，而成为停靠游艇和渔船的地方，这里同时也成为马赛的市中心。

　　马赛旧港的每一天，从清早岸边的鱼市叫卖声揭开序幕。银光闪闪的各种海鱼，引来餐馆老板与无数市民竞相争购。鱼市刚刚散去，一艘艘游船载着来自世界各地的游客们游览地中海。一列列旅游小火车沿着"U"字形海岸来来往往。马赛旧港购物中心（Centre Bourse）开门了。在旧港后面的老佛爷商场，挤满了顾客。还有沿旧港而建的马赛奢侈品街区，

在圣母院顶上，是一座金色闪闪的高达9.7米的镀金圣母像。在马赛的各个角落都能看到这座圣母院，成为马赛的地标

马赛大楼上的浮雕

也人头攒动。麦当劳的"M"在西班牙是绿底黄字，到了马赛变成黑底黄字。当夕阳映红旧港镜子般的海面，华灯初上，坐在岸边的餐馆里细饮慢啜茴香酒，品尝马赛鱼汤和梭子饼无疑是最好的马赛式享受。球迷们则聚集在餐馆的电视机前观赏转播足球赛……

我在马赛旧港，沿着"U"字形海岸走了一遭。在空气中，似乎还弥漫着早上鱼市的腥味。蓝色海水，白色游艇，黄色楼宇，构成了马赛旧港的基本色。岸边，这儿是一对表演"功夫"的黑人大哥和白人青年，引来一圈围观的人；那边是全身米老鼠打扮、只露出一双蓝眼睛的小伙子，只要给他一枚硬币，就愿意跟你合影；哦，我还用照相机拍到一长串车身绑着红花的车队，原来法国新人的婚礼也喜欢"招摇过市"。

马赛旧港也有中餐馆，老板来自温州。他告诉我，来马赛已经20多年了。马赛是一个移民城市。他说，在马赛旧港这"U"字形岸区，就有20多家温州人开的商店，其中以餐馆为多。

站在马赛旧港举首遥望，远处的150米高的山丘之上，矗立着加尔德圣母院。在圣母院顶上，是一座金色闪闪的高达9.7米的镀金圣母像。在马赛的各个角落都能看到这座圣母院，它成为马赛的地标。

最令我感到新奇的是在"U"字中点，有一个巨大的长方形"凉亭"，足有半个足球场那么大。我走进这个由8根细细的不锈钢圆柱支撑起来的"凉亭"，看到很多人在亭下驻足抬头。我也抬起头来，发现硕大的

天花板上竟然有车有房有海港，还有站在亭子里的许许多多人，内中也包括我。

原来，这叫"镜面凉亭"，顶篷是一块46米长、22米宽的抛光不锈钢板，如同一面"巨无霸"镜子。

据设计师称，设计这"镜面凉亭"的本意，是"从不锈钢抛光镜面的顶棚中倒映出周围码头景色，以及千百张驻足凝视者的脸庞，营造出一种奇异美感。不只为人群提供了一个可以驻足的场所，人们在欣赏海景的同时，自己也成为景观的一部分。镜面亭把行经它的人们、鱼市摊贩、海上船屋等大小人类活动全部收纳进来，只要抬头，就能感受港坞生活的多彩。"

当然，在抬头凝视欣赏"港坞生活的多彩"的同时，人们驻足片刻，也就在"镜面凉亭"之下得到休息。

法国的设计师们是够浪漫、异想天开的。这富有创意的"镜面凉亭"虽然跟巴黎的埃菲尔铁塔外形迥异，但是骨子里的精神是完全一致的。

马赛旧港是交通枢纽，多条线路公共汽车、地铁在"镜面凉亭"附近交汇。我乘电梯下地铁，本想乘坐地铁前往马赛地标加尔德圣母院，但是听说从地铁站出来之后还要爬坡才能去那里，于是取消了这计划。我重新回到"镜面凉亭"，在亭旁乘坐83路公共汽车，前往大卫广场。我选择83路公共

这"M"是马赛的标志

汽车，是因为这一路公共汽车是沿着马赛旧港海岸的滨海大道，驶向港口的普拉多海滩公园。

不论在西班牙的马德里还是巴塞罗那，公共汽车车厢宽敞明亮，乘客不多，车厢里不仅设有放行李用的平台，还安装了儿童座椅。没有想到，马赛83路公共汽车站挤了一大堆人。当公共汽车靠站时，乘客蜂拥而上。由于妻右腕骨折，绑着石膏，怕拥挤，我们是最后上车的。

上车之后，完全出乎我们的意料，几位十来岁的法国小姑娘马上起立，给我们让座。我和妻再三向她们表示感谢，并请法国朋友为我们和让座的小姑娘一起在车厢里合影。

这张照片，使我和妻感到分外温馨。

83路公共汽车沿着马赛旧港海岸行驶，我坐的这一边恰好可以欣赏海景。我看到了海港之中有几个小岛，内中最小的一个岛，叫做伊夫岛，长只有300米，宽不过180米。原本是一个无人岛。1516年法国国王法兰西斯一世巡视马赛旧港时，看中此岛，下令在岛上建城堡，叫做伊夫堡，以扼守马赛。这城堡后来变成关押犯人的监狱。水手爱德蒙·邓蒂斯蒙冤之后，关押于此，结识了狱友法利亚神甫。他俩居然传奇地从伊夫堡逃走，爱德蒙·邓蒂斯终于报仇雪恨。法国作家大仲马根据他们的经历，写出了著名的小说《基督山恩仇记》，使伊夫堡名声大振，如今成为马赛著名旅游景点。

沿途是马赛的高级住宅区。一幢幢豪华别墅，都是面对海港的海景房，理所当然成为富人区。

当83路公共汽车驶近终点时，我见到街心广场上矗立着一座雪白的大理石雕像，一望而知是意大利文艺复兴时期大师米开朗基罗的名作大卫雕像。这个广场也因此叫做大卫广场。我在意大利佛罗伦萨，曾经看见大卫雕像原作。马赛怎么也有一模一样的大卫雕像呢？原来，这是马赛雕刻家珍·康提尼(Jules Cantini)依照米开朗基罗原作雕刻的。本来这座仿制的大卫雕像与原作一样全裸站在街心花园高高的基座上，每天都有众多的汽车、行人在此路过。即便法国是那么开放浪漫的国家，后来也最终给大卫雕像挂上几片无花果树叶形状的金属片，以遮挡那裸露的下体敏感部位。

大卫广场旁边，便是占地26公顷的普拉多海滨公园，这里的3.5公里长的海滩是马赛人最喜欢的日光浴以及下海游泳之处。

2013年马赛被评选为"欧洲文化之都"（Capital Europeen de la Culture）。马赛这座历史久远而又富有文化内涵的海港城市，越来越受到四面八方游客的喜爱。

影都戛纳静悄悄

戛纳，香港称"康城"，台湾称"坎城"，一座躺在法国南部地中海畔的小城。当我从马赛前往戛纳，首先闯入眼帘的是公路左侧的里维埃拉酒店(Riviera Hotel)，这座五层米黄色的大楼以整个侧墙，画着一幅巨大的美国好莱坞巨星梦露头像。这就是作为影都的戛纳最形象的路标。

我先是从电视中认识戛纳。每年5月，戛纳沸腾了，为期两周的国际电影节在这里举行。戛纳堵车了，从尼斯机场到戛纳的高速公路变成了"堵路"。戛纳爆棚了，上万电影人和记者把小城4 000间酒店客房挤得满满当当，连私寓客房也一房难求。房价飙升，以至有的影迷背着睡袋来此。戛纳红透了，红地毯上的明星云集，帅哥与靓女，一个个盛装而行。尤其是流光溢彩的女星，不论是低胸长裙、钻石项链，还是新潮发型、名牌拎

当我从马赛前往戛纳途经里维埃拉酒店(Riviera Hotel)时，这座五层米黄色的大楼以整个侧墙，画着一幅巨大的美女头像，一望而知是美国好莱坞巨星梦露。

戛纳，种满鲜花的阳台

戛纳到处是棕榈树

戛纳雕像

包，款款丽人行，通过电视转播，吸引全世界的目光。一时间，戛纳成为时尚、奢华、光鲜、喧闹的代名词。

然而在我来到戛纳的时候，国际电影节早已经落幕，群星散去。戛纳这个人口不足7万的迷你小城，仿佛洗尽铅华，素面朝天。尤其那天恰逢星期日，家家商铺门口挂起"CLOSED"（关闭）的牌子。300多家地中海菜肴特色的餐厅也闭门谢客，只有几家露天吧尚在迎客。我静静地穿街走巷，得以细细品味戛纳。

在我面前，卸下浓妆的戛纳，清新自然，楚楚动人。碧空如洗，我沿戛纳主干道海滨大道而行，两侧是翠绿的笔直挺立的棕榈树，所以戛纳国际电影节的奖项叫"金棕榈奖"。我的一侧是蓝宝石般的地中海和洁白细软的沙滩，而我的正前方则是苏克山丘，戛纳拥山纳海，被人们誉为"蓝丝绒包裹着的美钻"。

戛纳天生丽质，却曾经"养在深闺人未识"。早年这里只是一个小渔村而已。在公元13世纪，苏克山丘顶上开始兴建哥特式的圣母堂，经历400多个春秋，直至公元17世纪才终于完工。1815年，戛纳来了一位大人物，那便是不可一世的法兰西第一帝国皇帝拿破仑。不过，当时他败北于莱比锡，被反法同盟俘虏之后流放到地中海上的一个小岛——厄尔巴岛。1815年2月26日拿破仑逃出小岛，经过三天三夜的航行，于3月1日抵达戛纳的儒安港。心境芜杂的败军之将拿破仑只是匆匆路过而已，哪有闲情逸致欣赏眼前的美景？

就在拿破仑走后第19个年头——1834年，英国勋爵布鲁厄姆路过戛纳前往意大

戛纳第一次世界大战纪念碑上自由女神高举金色的橄榄枝

戛纳小街

利。不料正遇上意大利因爆发霍乱而封锁边境，布鲁厄姆只得暂且滞留戛纳。布鲁厄姆是英国大法官兼上院议长，曾创办伦敦大学，然而这位勋爵兴趣广泛，居然致力设计第一辆四轮单马马车，以至这种马车被称为"布鲁厄姆马车"，而他也博得"时髦人物"的雅号。布鲁厄姆有着一双发现美的眼睛，他惊叹戛纳如同下凡仙女。于是他在戛纳乐不思蜀，落地生根，在苏克山丘上盖了一幢名叫艾兰诺的别墅长住。他的最后30年之中，大半时间在戛纳度过。1868年5月7日，90高龄的他在戛纳盍然长眠。

由于布鲁厄姆"发现"了靓丽的戛纳，效颦者纷至沓来。欧洲的贵族们在戛纳苏克山丘上建起了维多利亚别墅、罗斯柴尔德别墅等很多幢新居。戛纳从小渔村蜕变为美丽小城，避暑胜地。1899年戛纳有轨电车通车。欧洲名流显贵钟情戛纳，大作家、艺术家莫泊桑、雨果、毕加索的光临，英国维多利亚女王、俄罗斯玛利亚•亚历山德罗女沙皇以及瑞典、丹麦、比利时和西班牙国王、王后们的莅临，大大提高了戛纳的知名度。俄国沙皇亚历山大三世的弟弟米哈依洛维奇大公，还在戛纳修筑了高尔夫球场。尤其是法国文豪梅里美写下赞美戛纳的华章，在欧洲流传，使得戛纳世人皆知。

戛纳历史上第二个里程碑，是在1939年。为了对抗当时受意大利法西斯政权控制的威尼斯国际电影节，法国政府决定在戛纳创办国际电影节。第二次世界大战结束之后，首届电影节于1946年在戛纳举行。从此，戛纳成为"3S之城"——大海、美女和阳光(Sea Sex Sun)。

国际电影节使戛纳脱胎换骨。苏克山丘脚下的如画海滩之侧，雨后春笋般崛起一大批现代建筑，形成戛纳新城。豪华宾馆、高级酒店、名牌商店云集，赌场也夹杂其中。戛纳崇尚白色，不仅大部分房子都是白色，就连旅游小火车也是白色车头、白色车厢。乘坐小火车从苏克山丘老城到海滨新城，从窄窄的石板路到宽敞的柏油马路，从山顶中世纪的24米高的方形钟楼到海滨大道气派的五星级卡尔顿饭店，构成戛纳从传统到现代的浓缩版历史画卷。

戛纳的地标式建筑，是位于海滨的影节宫，这是戛纳国际电影节的主会场。这幢六层大楼看上去平常稀松，在电影节举行时却万众瞩目。我来到大门口宽大的台阶前的广场，电影节时影星走秀的红地毯便是从广场延伸到台阶上。一位影星曾回忆在闪光灯频闪之下秀红毯的历程："先右边，再左边，前进几步，再右边，再左边，最后还要在通往影节宫的台阶前留下照片，面面俱到。"

眼下不见红地毯，只有空荡荡的广场和白色的台阶，大有人去楼空的冷清之感，唯有地上嵌着影界大腕手印和签名的瓷砖。即便如此，仍有热心的粉丝们手持自拍杆在台阶之前摆出各种扭捏之态留影。影节宫内的主厅有2 300个座位，还有一个1 000座的大影厅和14个35座到300座的厅堂。平日，那里成为各种各样大大小小的会议的会场。

倒是大海之旁的沙滩显得有点人气，很多人在那里晒太阳，喝啤酒，啜咖啡，聊大天。据说在电影节举办时，诸多做着明星梦的美女把沙滩当成T台，以三点式亮相，搔首弄姿，期待星探们的发现以及大导演的垂青。没有听说哪位沙滩女因此步上银幕，而戛纳人津津乐道的是，1955年23岁的美国影星格蕾丝·凯利主演影片《捉贼记》时，曾戴着墨镜、身穿米黄色泳装，在这个沙滩惊艳亮相。两年之后，她因主演《乡下姑娘》一片而荣获奥斯卡最佳女主角奖。当她来到戛纳出席电影节时，邂逅摩纳哥王子雷尼尔三世，一见钟情，成为离戛纳不过51公里的摩纳哥公国的王妃。

深秋初冬的戛纳依然繁花似锦。街头巷尾仍不时可以见到巨幅影星照片。我也看到中国电影海报，虽然只是橱窗里的小广告。

我走进戛纳的小街，街上偶有一两行人缓缓而行，手中牵着狗绳。电影节时豪车如云的景象已经不见，路边停着迷你型单座小轿车，看上去如同玩具汽车。敞开的阳台上，一位老妇人正在打瞌睡，躺椅旁蜷曲着小猫。在公园里，另一老妇人在长椅上闭目养神，身旁放着一根木拐杖。戛纳显得寂静而又倦慵。

哦，在喧嚣远逝之后，这里静悄悄。戛纳似乎在静静地铆足劲，迎接来年5月的国际电影节。

教皇之都阿维尼翁

阿维尼翁在马赛西北85公里，人口只有9万而已，却是法国南部游客甚多的小城。

阿维尼翁的名气，据说来自一幅画，一首歌。

一幅画，那就是毕加索的名画《阿维尼翁的少女》。

毕加索在1907年创作的这幅油画《阿维尼翁的少女》，是很有名的作品。艺术界曾经高度评价这幅画：

阿维尼翁风景秀美

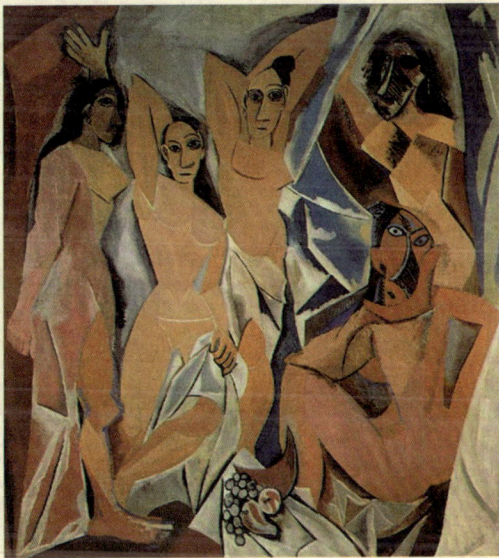

毕加索名画《阿维尼翁的少女》（资料）

大型油画《阿维尼翁的少女》以独特少见的尺寸处理造型，否定三度空间为目的的传统画技，杜绝人物的真实描绘，将人体几何化后装配成平面，将量感或立体元素处理成平面性，舍弃空间表现和画面的深奥感，增加了欣赏的目标性。

《阿维尼翁的少女》不仅是毕加索一生的转折点，也是艺术史上的巨大突破。要是没有这幅画，立体主义也许不会诞生。所以人们称呼它为现代艺术发展的里程碑。

一首歌，又是什么歌？
这首歌叫做《在阿维尼翁桥上》：

在阿维尼翁桥上　　　　　　英俊的男子们这样跳舞
人们跳舞　　　　　　　　　美丽的姑娘们也这样跳舞
一直跳舞跳舞　　　　　　　官员们这样跳舞
所有人围成圈子来跳舞　　　孩子们也这样跳舞

阿维尼翁教都

《在阿维尼翁桥上》是一首欢快的法国民歌，不知作词者是谁，也不知作曲者是谁。1853年，当作曲家阿道夫·夏尔·亚当在喜歌剧《聋人或客满的客栈》中用了这首民歌，《在阿维尼翁桥上》就在欧洲广泛流行。

《在阿维尼翁桥上》所唱的那座桥，名叫圣贝内泽桥，坐落在阿维尼翁的罗纳河上。圣贝内泽桥是12世纪初建造的宏伟石拱桥。这座石桥长达900多米，有22个拱孔，足见圣贝内泽桥的规模之大，也可见罗纳河浩浩荡荡。在罗纳河发生洪水时，水急浪高，多次冲垮圣贝内泽桥。屡坏屡修，屡修屡坏，到了公元17世纪，阿维尼翁人失去耐心，不再修桥了，另建新桥。这样，圣贝内泽桥成了断桥。断桥，不再通车，倒成了跳舞的绝好场所。于是有了《在阿维尼翁桥上》这首歌。如今，圣贝内泽桥只剩4拱。

毕加索名画《阿维尼翁的少女》，流传四方的民歌《在阿维尼翁桥上》，固然提高了阿维尼翁的知名度。但是能够使阿维尼翁成为法国南部知名旅游景点，并不在于一幅画、一首歌。

城市不在大小，有特色就好。

小城戛纳因每年举办国际电影节，有了"影都"之誉；小城阿维尼翁能够吸引那么多游客，因为曾经是教皇之都，被称为"教都"。

一提起教皇之都，我的第一反应便是梵蒂冈。其实，除了梵蒂冈之外，阿维尼翁也曾是教皇之都。

圣贝内泽桥成了断桥

235

法国教都阿维尼翁圣母教堂

法国教都阿维尼翁圣母教堂

　　我来到阿维尼翁。在宽广的罗纳河畔，在断桥不远处，屹立着一座建于公元14世纪的古城。这座古城围着一圈城墙，总长5 000米，这城墙连同城垛、城塔和城门迄今仍完好如初。尤其是那高高的方形或者圆形城塔，是当年卫兵瞭望的所在，看上去是那般的雄壮。

　　走进阿维尼翁城门，走过窄窄的小街，前面豁然开朗，一个巨大的广场出现在眼前。广场一侧，是有着8座塔楼的巍峨石砌教堂，那便是教皇宫。1309年至1378年，曾经有七任天主教教皇驻驿于此。

　　为什么天主教教皇会以阿维尼翁为教都呢？

　　这是教权与王权尖锐斗争所致。

　　天主教教皇并非只统治小小的梵蒂冈。天主教教皇是"皇"，拥有教权，地位高于天主教国家国王的王权。从教皇给葡萄牙、西班牙两国国王划定瓜分世界的"教皇子午线"，就可以看出教皇拥有多大的权力。

　　梵蒂冈是今日对于教皇国的称呼。其实在中世纪，位于意大利中部的教皇国相当大，直辖领土达4万平方公里以上。当时的教皇国以教皇为君主，以罗马为首都，以梵蒂冈为住所。

　　在13世纪末，法国卡佩王朝的国王、年仅17岁的腓力四世在1285年即位。他是一位强势的法国国王。腓力四世为了打造一个强大的法国，与英国开战，在1294年他甚至下令召英国国王爱德华一世来巴黎受审！

  腓力四世连年征战，军费浩大，国库空虚。他下令向法国教会神职人员征税，这使梵蒂冈的收入减少，与罗马教皇卜尼法斯八世发生尖锐矛盾。卜尼法斯八世是一位"教权至上论者"，认为教皇的权力理所当然高于"世俗"的法国国王。他下令抵制腓力四世对法国教会征税。

  腓力四世不是好惹的。他先是在1301年把罗马教皇任命的法国大主教以叛国罪投入监狱。让波尔多大主教柏特隆成为法国大主教。柏特隆对腓力四世言听计从。接着，腓力四世在1303年9月7日派出军队到意大利，把教皇卜尼法斯八世痛打了一顿，致使卜尼法斯八世在一个多月之后死去。

  腓力四世一不做，二不休，干脆把柏特隆扶为教皇，称克雷芒五世。新教皇不去梵蒂冈"上班"。为了控制教皇，腓力四世下令在阿维尼翁为

阿维尼翁教皇宫

新教皇建造教皇宫，让阿维尼翁取代罗马成为教皇之都。腓力四世终于以王权战胜了教权。阿维尼翁的教皇，成为法国国王麾下的傀儡，成为法国国王的御用教皇。

1314年11月29日，过度劳累的腓力四世去世，终年仅46岁。他的继任者萧规曹随，依然牢牢控制着教皇，牢牢控制着阿维尼翁。在克雷芒五世之后，在阿维尼翁成为教皇的有约翰二十二世、本笃十二世、克雷芒六世、英诺森六世、乌尔班五世和格列高利十一世。连同克雷芒五世在内，这七任教皇都是法国人，而且都是法国国王中意的人选。

与此同时，在意大利罗马，在教皇卜尼法斯八世死去之后，罗马教皇也在那里一代一代延续着。所以在那个时候，两个教皇——罗马教皇与阿维尼翁教皇同时存在，互不承认对方，各自宣称是正统。

1370年，意大利出现社会动荡，罗马教皇国也出现动荡。这时，阿维尼翁教皇格列高利十一世有意返回罗马，以稳定罗马教皇国的局势。

1377年，格列高利十一世率兵从海路进入罗马，使罗马教皇国的局势得以稳定。

1378年，格列高利十一世在梵蒂冈圣彼得大教堂加冕，成为罗马教皇，终于结束了两个教皇并存的时代。

从1309年至1378年，将近70年，七代教皇——阿维尼翁作为教皇之都的使命画上了句号。

这70年，给阿维尼翁留下一座"高大上"的教都城和教皇宫。1995年阿维尼翁被联合国教科文组织列入世界文化遗产名录。

阿维尼翁原本是女领主让纳的土地。1348年，教皇克雷芒六世以8万弗罗林（古佛罗伦萨金币）的价钱从女领主让纳手中买下阿维尼翁。1378年格列高利十一世把教都从阿维尼翁迁往罗马之后，阿维尼翁成为罗马教皇国的领土。直到1792年法国把阿维尼翁收回，从此阿维尼翁回到法国版图。

教皇宫建在山坡上。我沿着山坡向上走去，领略教皇宫的庄严和恢宏。众多的雕像、浮雕、油画，营造了浓烈的宗教气氛。沧桑岁月，无情地刻在教皇宫斑驳的外墙上。

在教皇宫之侧，是阿维尼翁圣母教堂。教堂前矗立着耶稣受难的高大十字架，而教堂顶上的圣母雕像在阳光下金光闪闪。

从山坡上的观景台可以俯瞰青罗带一般的罗纳河，还有那座可以跳舞的圣贝内泽断桥。阿维尼翁风景秀美，难怪当年这里被选定建造教都。

辉煌的教皇宫，是难得的世外桃源，却又无疑是一座囚笼。在法国国王的卵翼之下做教皇，成了"阿维尼翁之囚"！

格拉斯

香水之都——格拉斯

　　国色天香原本是用来形容美丽的花朵，却常常被借来形容极致的美女，国色指"颜值"甚高，天香即香气袭人。

　　其实，美女之香，来自花朵之香。制造香水的原料——精油，便来自千千万万朵花。

　　巴黎香水，名满天下。殊不知名牌巴黎香水，来自法国东南部普罗旺斯的一座小城。小城连空气中都散发着令人心醉的幽幽之香，这便是被誉为"世界香水之都"的格拉斯。格拉斯的法语原意是"上帝的小营地"。从公元16世纪起，欧洲人就知道，最好的香水是格拉斯生产的。德国作家帕特里克•聚斯金德于1985年发表的小说《香水》，主人公就曾经是格拉斯香水工场里的伙计。这部小说被改编为同名电影，广为人知。

　　香水的拉丁文原意是"穿透烟雾"。有人曾经这样赞赏香水：

　　　　香水是尤物，是性灵之物。它就像美丽的女人，以挥发的形式向你渗透，影响你的身体和心灵，让你发出叹息。有人说，国色是上帝赐予女人的恩惠，而天香便是人间私酿的禁锢，给予女人吸引着天下的秘密手段……

从影都戛纳往北15公里，在一片丘陵起伏之地，绿树拥着一座座黄墙红瓦的小楼，那便是格拉斯。格拉斯是山城，汽车在这里行驶要不断上坡下坎。

我来到一幢大楼，红瓦之下，黄墙之上，刷着白色大字Fragonard（弗拉戈纳）。格拉斯有40多家香水工厂，弗拉戈纳是最大的一家。Fragonard又被译为花宫娜。花宫娜如今是香水顶尖名牌，被推崇为"骨灰级香水"。

参观弗拉戈纳香水工场，是从附设的香水博物馆开始的。

在世界上，最早制造香水的国家是埃及。据称，古埃及艳后克里奥帕特拉七世不仅喜欢用橄榄油擦身，而且经常使用15种不同气味的香水来洗澡。格拉斯这座小城，原本与香水无缘，倒是跟"臭水"打交道。格拉斯曾经是皮革生产地，牛皮、羊皮臭气冲天，"臭皮匠"们实在受不了，就动手从薰衣草中提取香油，制造香水，以"中和"臭气。

普罗旺斯漫山遍野都是薰衣草。曾有一首题为《薰衣草》的诗这么写道：

薰衣草的香，没有奢华，没有妖艳。
只是淡淡的清香，那么的宁静而幸福。
浪漫而迷情的地方，是梦开始的地方，是爱情开始的地方。

格拉斯香水实验室

那葫芦般的铜器，叫做曲颈甑。曲颈甑是从鲜花中提取香精油的最主要的器具

这是把芳香植物花、茎、根粉碎的粉碎机

法国普罗旺斯，到处是紫色的薰衣草，散发着馨香。

如果我们能够寻到心灵的宁静，

那么在哪里都能找到普罗旺斯，在哪里都是普罗旺斯。

在格拉斯，除了6月至7月盛开的薰衣草，还有5月的玫瑰花，8月的茉莉花，还有许许多多散发着沁人心脾香气的鲜花。"臭皮匠"们用格拉斯的鲜花制造了香水。

就在这个时候，1533年，罗马教皇克莱孟七世的14岁侄女凯瑟琳·德·梅第奇，嫁给法国瓦卢瓦王朝王储亨利（1547年加冕为国王，称亨利二世）。凯瑟琳是一个讲究时尚的女人，她要求王宫所有侍女必须束腰，认为细腰的女人才美。她也从意大利带来最为时尚的"香水手套"，那手套用香水浸过，戴了之后，跟人握手，留有余香。这信息传到格拉斯，"臭皮匠"们受到启发，一位名叫弗朗索瓦·弗拉戈纳的皮革商人，开始在他们生产的皮手套中加入香水，制成香水皮手套，一下子在巴黎畅销。法国国王路易十三的王后在临死时曾嘱咐侍女，在她死后用她所收藏的340双香水手套作为陪葬品，足见当时巴黎贵族夫人们对于香水手套的痴爱。

这位弗朗索瓦·弗拉戈纳就是我所参观的格拉斯最大的香水工场的创始人。他因为生产香水皮手套而获得丰厚的利润，于是就办起香水工场，专心致志地生产香水，使格拉斯香水成为巴黎市场的新宠。

法国国王路易十四也非常钟爱香水。他曾命令宫廷调香师必须每天调制出一种他所喜欢的香水，于是有了"香王"之誉。法国国王路易十六则不仅自己喜欢香水，而且重视发展法国的香水生产。于是巴黎成了闻名世界的"香都"。由于法国国王的重视，格拉斯香水业得到长足的进展。

在弗拉戈纳的香水博物馆里，意外地见到4幅主题为"恋爱过程"的油画，即《约会》、《追求》、《情书》、《情人》。这4幅油画，与香水有什么关系？原来，在弗拉戈纳家族之中，出现了一位杰出的画家让•昂诺列•弗拉戈纳，被视为家族的骄傲。那4幅"恋爱过程"油画，是让•昂诺列•弗拉戈纳为法国国王路易十五的情妇巴利伯爵夫人画的作品。

弗拉戈纳香水博物馆展示了格拉斯香水的历史，也展示了格拉斯香水早年的生产历程。

看到一个个圆柱形的铜罐，一个个葫芦般的铜器，我如同步入早年的化学实验室。那葫芦般的铜器，叫做曲颈甑。曲颈甑是从鲜花中提取香精油的最主要的器具：把捣碎的鲜花倒入曲颈甑，加水之后，加热。花中的香精油随水蒸气蒸发，沿着曲颈进入圆柱形的铜罐，在那里冷凝。香精油漂浮在水面。打开圆柱形的铜罐下方的出水口，把水放出，罐里剩下的就是香精油。

从不同的鲜花中得到不同香味的香精油。香精油很容易挥发，要保存在密闭的铜罐或者深色的玻璃瓶里。

"创作"不同的香水的关键人物是调香师。调香师的鼻子有着灵敏的嗅觉，被称为"鼻子先生"。调香师按照不同比例用不同香味的香精油调配出不同香型的香水，是调香师的看家本领。经过调香师精心调配之后，再加上固定剂以及溶剂酒精等，就制成了能够散发浓郁、持久、悦人香气的香水。

如今，在世界上100多位著名调香师之中，人多出身于格拉斯。

花香跟花蜜一样，原本是为了吸引蜜蜂这样的昆虫为之授粉。鲜花所含的香精油很少。香水博物馆中展示的数字表明，从一吨的茉莉花中只能得到一升的香精油，而从一公顷薰衣草里也只能榨出15磅的香精油。

后来，化学家用化学方法合成了各种香料，使香水的价格大大降低，但是格拉斯仍坚持用天然香料生产香水。虽然格拉斯香水因此价格明显高于人工合成的香水，但很多人仍宁愿选择格拉斯香水。如今，法国天然香水三分之二来自格拉斯。格拉斯的香水业每年创造超过6亿欧元的财富。

我从香水博物馆进入弗拉戈纳的销售部，在那里见到琳琅满目的各种花宫娜香水，还有色彩缤纷的各种香皂。

都说巴黎香水好。巴黎香水中的"王牌"，来自格拉斯。

度假胜地尼斯

从香水之都格拉斯往东37公里，我抵达地中海之滨，来到尼斯。

尼斯是法国第五大城，第二空港。在法国，尼斯蔚蓝海岸国际机场规模仅次于巴黎戴高乐国际机场。尼斯蔚蓝海岸国际机场每天有80多个航班飞往世界45个国家。外国游客到法国南部旅行或者去摩纳哥，往往乘坐飞机进出于尼斯蔚蓝海岸国际机场。尼斯因此也成为我这次西南欧之行的最后一站，我从这里飞往荷兰阿姆斯特丹转飞上海。

尼斯离摩纳哥很近，只有18公里。尼斯离戛纳也很近，26公里而已。尼斯跟摩纳哥、戛纳构成了地中海沿岸的金三角。

尼斯既拥有绿得可爱的阿尔卑斯山，又有蓝得可爱的地中海，所以被誉为"度假胜地"、"阳光圣地"。人们这样形容尼斯之美："海的颜色从浪花的白色、浅蓝、天蓝、蔚蓝、湛蓝、紫蓝、深蓝，一直过渡到海中心的黑蓝色，天也是蓝的"。尤其是夏日，尼斯海滩游客如云。

尼斯、摩纳哥、戛纳是地中海畔的三位美女，她们的共同特点都是傍山面海，都是有山有海的好地方。不过，相比之下，尼斯也有不同之处：其一，尼斯三面环山（东侧为伯龙山，西侧和北侧为阿尔卑斯山），拥抱着一个圆弧形的海湾，叫做天使湾，那弧线简直是用圆规画出来的，要比摩纳哥、戛纳的海湾大得多、漂亮得多；其二，尼斯海滩是灰色鹅卵石海滩，不如摩纳哥、戛纳细软洁白的沙滩。

摩纳哥、戛纳的宾馆以高档豪华居多，而尼斯的宾馆则各种档次都有，丰俭随意。

意大利人来到尼斯会说，"尼斯很法国！"

法国人来到尼斯则会说，"尼斯很意大利！"

意大利人和法国人对尼斯有这样的观感，因为尼斯城既有意大利风格，又有法国风格，尼斯既有大批意大利后裔，也有很多法国人。尼斯人讲法语，往往带有意大利大舌头口音。

尼斯形成了意大利与法国的交错点，是尼斯的历史所造成的：尼斯距意大利边境仅32公里。法国和罗马帝国互相争夺着尼斯。尼斯最早是希腊

空中俯瞰尼斯

人建立的，后来成为意大利罗马帝国的一部分。1543年法国占领了尼斯。此后，意大利北部的撒丁王国从法国手中夺得尼斯。1861年，撒丁王国首相加富尔伯爵为了在对奥地利帝国的战争中争取到法国皇帝拿破仑三世的支持，把尼斯划给了法国。从此尼斯一直属于法国。

　　我来到尼斯之后，在棕榈树下的天使湾海滨大道漫步，又听说一桩离奇的事：长长的天使湾海滨大道分为两段，一段叫做"英国人漫步大道"（La Promenade des Anglais），另一段叫做"美国人大道"（Quai des Etats-Unis）。

　　这是怎么回事呢？

　　原来，这条海滨大道原本是一条两米多宽的泥土小路。1820年，英国人刘易斯•卫(Lewis Way)出资，雇用了一批当时逃难到尼斯的流浪汉，把小路拓宽，铺上鹅卵石，沿海岸修建了步行道。于是，当地人就用尼斯语称之为"英国路"（Camin dei Anglès）。1860年尼斯并入法国之后，这条路也按照法语改名为"英国人漫步大道"（La Promenade des Anglais）。1931年，这条路经过拓宽，成为真正的滨海大道，英国维多利亚女王的三子康诺特公爵亲自为这条大道开通典礼剪彩，路名仍叫"英国人漫步大道"。这条大道全长3.5公里，豪华宾馆、高级餐厅、名牌商店云集，成为尼斯一条重要的街道。

　　那条"美国人大道"与"英国人漫步大道"紧紧相连，也是沿着天使湾海滨延伸。

这条大道建于1917年，是法国为了纪念美国参加第一次世界大战协约国而命名的。在第一次世界大战中，协约国最初主要是英、法、俄三国。后来俄国在1917年爆发十月革命，退出了协约国。这时，美国参加了协约国，给了法国和英国极大的鼓舞，所以尼斯以"美国人大道"命名新建的海滨大道。

我来到"美国人大道"与"英国人漫步大道"之间的分界点——一座高大的纪念碑，上面是一尊长着双翼的胜利女神雕像，她一手拿着酒壶，一手拿着金杯。这座纪念碑叫做"回归纪念碑"，建于1896年，是为纪念1861年尼斯回归法国而建的。回归纪念碑西边是英国人漫步大道，东边则为美国人大道。

意大利人、法国人、英国人、美国人，都给尼斯的历史留下了鲜明的印记。

我住在尼斯老城。宾馆旁边就是尼斯火车站，每天都有好多趟列车驶往巴黎、里昂和马赛，内中大都是高铁列车。

夜晚，我往北步行，来到尼斯市中心的马塞纳广场。马塞纳广场很大，南半部为半圆形，北半部为长方形。地面覆盖黑白两色石块。

我看到广场上竖立7根十几米高的金属柱子，上方各有一个半透明的坐着的人的雕像。这雕像是用树脂做成的。借助于彩色灯光，半透明人像交替变换着颜色，在夜幕下显得别具一格。这7座人像，象征七大洲。

在马塞纳广场南部，则有一个大型喷泉。喷泉中央，是罗马神话中的太阳神阿波罗白色大理石雕像，高7米，四周有5座青铜人物雕像，分别代表地球、水星、火星、土星和金星。

在马塞纳广场附近的让•梅德森大街，灯火通明，一家家餐馆以及露天吧，人声鼎沸，顾客盈门，足见尼斯夜生活的丰富多彩。

我在尼斯住了一夜，这是本次旅行的最后一夜。客房有敞开的大阳台，可以俯瞰楼下两条马路的交叉路口，可以看见对面的火车站，可以听见火车的汽笛声。

这次旅行，我住过十几家宾馆。通常是用卡片钥匙，也有的没有钥匙，用密码锁，但是也有的是给一把铜钥匙，以最古老的方式招待旅客。旅行时几乎每天换一家宾馆，最希望当晚洗的衣服第二天早上就干了。有的宾馆在卫生间里安装了水汀式烘干机，还有的则有红外线灯烘衣机，给旅客带来很大方便。所有的宾馆都设有WIFI，客房都相当清洁、卫生。

尾声

归来

如今，机场往往越造越远，而位于尼斯西南的蔚蓝海岸国际机场离市中心却很近，只有5公里，给旅客带来了很大的方便。

这次在西南欧洲旅行，接连走访葡萄牙、西班牙、安道尔、摩纳哥和法国南部5国20多座城市。不论是曾经的殖民帝国葡萄牙和西班牙，袖珍小国安道尔、摩纳哥，还是浪漫法国，西南欧洲风情各异。

与经济高度发达的中欧、西欧相比，与高福利的北欧相比，与城头易帜尚未恢复元气的东欧相比，西南欧显得古老而有点保守。然而西南欧的历史、文化积淀丰厚，许许多多古城、古建筑被列入联合国教科文组织的世界文化遗产目录，与此同时又有现代化新城市的时尚气息。

西南欧各地的经济发展参差不齐。通常，沿地中海或者大西洋的，经济发达，而内陆山区通常要差一些。其中，以法国南部的马赛、尼斯以及摩纳哥，还有西班牙的巴塞罗那，这些沿地中海的国家、城市，依托港口优势，工业、商贸、旅游业有了迅猛发展。

我在尼斯蔚蓝海岸国际机场登上荷兰皇家航空公司客机，飞越积雪的阿尔卑斯山，飞往阿姆斯特丹。飞行两个小时，当机翼下出现一大片绿色平原，荷兰到了。

在阿姆斯特丹飞往上海的漫长的十多个小时里，我整理了西南欧之行的笔记。这次丰富多彩的旅行，使我受益不浅，不虚此行。